Degener MoreOFFICE® (Hrsg.)/Arno Burger

Die E-Mail-Flut eindämmen

Betriebliche Information effizient organisieren

POCKET BUSINESS

Cornelsen

Der Autor
Arno Burger ist Berater, Trainer und Coach mit den Schwerpunkten Arbeitsorganisation und Informationsmanagement sowie Zeit- und Selbstmanagement bei Degener MoreOFFICE® in Planegg bei München.

Verlagsredaktion: Marlies Bocionek
Grafik und technische Umsetzung: Holger Stoldt, Düsseldorf
Umschlaggestaltung: Katrin Nehm, Berlin
Titelfoto: © WMF

Informationen über Cornelsen Fachbücher und Zusatzangebote:
www.cornelsen-berufskompetenz.de

1. Auflage

© 2006 Cornelsen Verlag Scriptor GmbH & Co. KG, Berlin

Das Werk und seine Teile sind urheberrechtlich geschützt.
Jede Nutzung in anderen als den gesetzlich zugelassenen Fällen
bedarf der vorherigen schriftlichen Einwilligung des Verlages.
Hinweis zu § 52a UrhG: Weder das Werk noch seine Teile dürfen
ohne eine solche Zustimmung eingescannt und in ein Netzwerk
eingestellt werden. Dies gilt auch für Intranets von Schulen und
sonstigen Bildungseinrichtungen.

Druck: Druckhaus Berlin-Mitte

ISBN-13: 978-3-589-23441-7
ISBN-10:   3-589-23441-5

Inhalt gedruckt auf säurefreiem Papier,
umweltschonend hergestellt aus chlorfrei gebleichten Faserstoffen.

Vorwort

Sie haben vermutlich zu diesem Buch gegriffen, weil auch Sie von der E-Mail-Flut überrollt werden und nach Wegen suchen, mit der Menge der Informationen besser zurechtzukommen sowie mit der Technik effizienter umzugehen zu lernen. Vielleicht überrascht es Sie, wenn ich Ihnen zunächst Folgendes berichte: Acht Jahre Schulung und Beratung rund um E-Mail-Programme haben mir immer wieder eines deutlich gezeigt – die Schwierigkeiten der Benutzer/innen liegen zum größten Teil im Organisieren geeigneter Arbeitsabläufe!

E-Mailen kann heute jeder, aber das verführt dazu, die Organisation zu vernachlässigen und, weil es vermeintlich so leicht ist, auch die Funktionen der Programme nur oberflächlich zu benutzen. Damit verschenkt man zahlreiche Möglichkeiten zu einem effektiven und effizienten Umfang mit dem Medium.

Aus diesem Grund stehen systematische Bearbeitungsabläufe bei ein- und ausgehenden E-Mails, Ablagesysteme, sinnvolle Abwesenheitsregeln und vor allem auch Wiedervorlagesysteme im Mittelpunkt des Buches.

Der Band unterstützt Sie unabhängig von der bei Ihnen eingesetzten Software und hilft Ihnen primär, Arbeitsabläufe festzulegen, die an Ihren Bedürfnissen ausgerichtet sind.

Da für zahlreiche Menschen eine termingerechte Abarbeitung der Aufgaben, die per E-Mail übermittelt werden, herausragend wichtig ist, bildet das gerade schon mit aufgeführte Thema „Wiedervorlage" einen der Schwerpunkte.

Allerdings sind gerade die Möglichkeiten der Software, die Ihnen zur Verfügung steht, von Bedeutung. Denn falls Ihr Programm neben E-Mail-Funktionen auch über Instrumente zur Zeitplanung (Kalender, Aufgaben) verfügt, lässt sich die Wiedervorlage in Ihre Zeit integrieren. Wir erklären dies allgemein, müssen aber aus Platzgründen auf das Bedienerwissen zu den verschiedenen Programmen und deren Versionen verzichten.

Sie sind vielmehr aufgefordert, aus den hier besprochenen Möglichkeiten Ihre eigenen Abläufe nach dem Leistungsumfang Ihrer Software im Einzelnen auszuarbeiten. Weiterhin ist es wichtig, dass Sie die Tipps und Ratschläge dieses Buches, mit Blick auf die Gepflogenheiten in Ihrem Unternehmen bzw. Ihrer Organisation weiter konkretisieren.

Durchgehend streben wir hohe Praxisnähe an und behalten deshalb bei allen hier behandelten Lösungen die Frage im Blick: „*Wie kann ich als E-Mail-Nutzer möglichst gut mit eingehenden und ausgehenden E-Mails zurechtkommen?*"

Am Ende des Buches gehen wir noch ergänzend auf die Verhaltensweisen und den Knigge im E-Mail-Verkehr ein, die sich so langsam als selbstverständlich herauskristallisieren. Sie sind noch längst nicht einheitlich und so lässt sich z.B. vortrefflich über Höflichkeit, Reaktionszeit, BCC etc. streiten. Das Kapitel „Wie Sie sich richtig verhalten" ist daher nicht als Vorgabe, sondern als Empfehlung zu betrachten.

Abschließend noch Folgendes: Lassen Sie sich nicht vom Umfang dieses Bandes abschrecken. Sie werden schnell bemerken, dass das Thema eine große Zahl von Aspekten beinhaltet, deren Zusammenstellung sinnvoll ist, die aber längst nicht alle auf Ihre Situation zutreffen. Greifen Sie heraus, was Ihnen an Ihrem Arbeitsplatz am besten hilft!

In diesem Sinne wünscht Ihnen viele Anregungen beim Lesen und Erfolg bei der Umsetzung

Arno Burger
Trainer und Berater bei
MoreOFFICE®
in Planegg bei München

Inhaltsverzeichnis

Einführung 7

1 Grundregeln und Prozeduren ... 10
- Schaffen Sie zuerst eine Struktur 11
- Ziel- und Nutzendefinition 14
- Unnötiges Lesen vermeiden 17
- Einmaligkeit 21
- Nutzbarkeit 22
- Kommunikation 25
- Vertretbarkeit 26

Auf den Punkt gebracht *28*

2 Umgang mit eingehenden E-Mails 29
- Posteingang 29
- Ablage 35

Magazinseite:
Die Möglichkeiten der Organisation einer Wiedervorlage 36

Magazinseite:
Grundlegende Ablagetechniken 45

- Vertretung 62
- Automatische Verarbeitung von E-Mails ... 68

- Papierkorb 71
- Spam-Mails 76

Auf den Punkt gebracht **81**

3 Umgang mit ausgehenden E-Mails **82**

- Innere Form 83
- Äußere Form 97
- Der Empfänger 108
- Ablauf E-Mail-Versand 113

Auf den Punkt gebracht **117**

4 Wie Sie sich richtig verhalten .. **118**

- Rechtliche Aspekte 118
- Mail-Knigge 127

Magazinseite:
E-Mail-Knigge im Überblick 128

Auf den Punkt gebracht **134**

Glossar 135
Literaturverzeichnis 139
Stichwortverzeichnis 140

Einführung

Die E-Mail-Flut ist allgegenwärtig

Schauen wir in unseren Posteingang, sehen wir die E-Mail-Flut. In der Kantine hören wir, wie sich unsere Nachbarn darüber unterhalten, in der Zeitung lesen wir über sie. Doch was als E-Mail-Flut empfunden wird, ist höchst unterschiedlich. Sind für den einen 100 E-Mails am Tag selbstverständlich und gut zu bewältigen, weil es sich um einfach zu beantwortende Anfragen handelt, sind für den anderen 10 E-Mails mit komplexem Sachverhalt ein Problem.

Im Extremfall besteht die E-Mail-Flut aus für mich unwichtiger, unnötiger und nicht dringender, unverständlicher und unübersichtlicher, veralteter und unvollständiger, sehr umfangreicher und doppelter Information. Ein Grund dafür sind viele Spam- und Viren-E-Mails. Doch selbst wenn diese weggerechnet werden, bleibt noch eine ganze Menge übrig.

Aber wie kommen die ganzen anderen E-Mails zu mir bzw. wer schreibt sie? Und warum entsprechen diese E-Mails nicht unseren Vorstellungen?

Im Prinzip tragen wir alle dazu bei

Die Einfachheit des Informationsversandes per E-Mail und der enorme Arbeitsdruck führen dazu, dass wir alle das Medium E-Mail zu häufig zu unbedacht verwenden. Solange die E-Mail nur einen Empfänger hat, sind die Auswirkungen noch relativ gering. Wenn aber z.B. eine E-Mail mit veralteten Inhalten unübersichtlich und episch lang an 100 Empfänger geschickt wird, sind die Auswirkungen doch erheblich.

Der Absender hat es in der Hand, es dem Empfänger leicht zu machen. Als Empfänger wissen wir auch, was der Absender anders machen könnte. Leider sagen wir das dem Absender zu selten und vor allem halten wir uns selbst nur teilweise an das, was wir für richtig halten.

So habe ich noch niemanden kennen gelernt, der die Betreffzeile einer E-Mail für unerheblich hält. Jeder regt sich über schlechte Betreffzeilen auf. Trotzdem gibt es zahlreiche E-Mails mit fehlender und unverständlicher Betreffzeile.

> Die E-Mail-Flut werden wir auf Dauer nicht in den Griff bekommen, wenn wir nur die Möglichkeiten auf der Empfängerseite verbessern. Wir müssen unbedingt auch unsere Fähigkeiten auf der Absenderseite verbessern.

Habe ich also ein Problem damit, dass eingehende E-Mails unübersichtlich sind, wird es wenig helfen, meine Lesefähigkeiten und meinen Umgang mit der E-Mail-Software zu verbessern. Ich muß Einfluss auf den Absender nehmen.

Um die E-Mail-Flut zu begrenzen, stehen uns vielfältige Möglichkeiten offen:

1. Technik verbessern: (Aufgabe von Softwarefirmen)
   a. Software zur Abwehr von Spam sollte effizienter werden.
   b. Verteilerlisten sollen die Unterscheidung zwischen „An"- und „CC"-Empfänger zulassen.
   c. Suchfunktionen können durch gefilterte Ansichten oder Suchordner einfacher werden.
   d. E-Mails ohne Betreffzeile dürfen erst gar nicht versandt werden können.

2. Den eigenen Umgang mit einer konkreten Software verbessern, indem wir sie besser kennen lernen, z.B. durch:
   a. diverse Medien wie z.B. Bücher, eLearning etc.,
   b. Austausch mit Kollegen,
   c. Seminare.

3. Firmengepflogenheiten verbessern:
   a. Einführung von E-Mail-Spielregeln mit dem Ziel, dass sich alle Mitarbeiter bemühen, diese einzuhalten.
   b. Verbesserung der Informationstransparenz: Wer hat welche Informationen und wer braucht welche Informationen? Dies hilft z.B. das Versenden von E-Mails an viele „CC"-Empfänger einzudämmen.

> **4. Die eigene Arbeitsorganisation und unser Verhalten rund um E-Mails verbessern. Das zeigt Ihnen dieses Buch.**

Was erwarten Sie sich vom Gebrauch von E-Mails?

Machen Sie sich zunächst anhand folgender Fragen und durch diese Übung Ihre Erwartungen an E-Mails bewusst.
1. Überlegen Sie sich, welche Erwartungen Sie an die Nutzung von E-Mails knüpfen. Notieren Sie diese.
2. Überlegen Sie sich, welche dieser Erwartungen in Ihrer Praxis erfüllt werden und welche nicht.
3. Betrachten Sie die Erwartungen, die nicht erfüllt werden: Woran liegt es, dass sie nicht erfüllt werden?

Lesen Sie dieses Buch nun unter dem Fokus, stärker auf Ihre Erwartungen hinzuarbeiten.

Wie Sie mit diesem Buch arbeiten

Dieses Buch ist softwareunabhängig, d.h., es beschränkt sich nicht speziell auf eine E-Mail-Software. Vielmehr spricht es Themen an, die Sie – unabhängig von Ihrer Software – im Umgang mit E-Mails beachten sollten. Im Buch stoßen Sie immer wieder auf folgendes Symbol: ➡. Es steht für „Programmfunktion" und fordert Sie zu folgenden Aktivitäten auf:
1. Schauen Sie bitte nach, wie diese Anwendung in Ihrer E-Mail-Software funktioniert.
2. Bietet Ihre Software mehrere Möglichkeiten für diese Anwendung, so entscheiden Sie sich für die für Sie geeignete.

Bitte beachten Sie: Im Buch werden an vielen Stellen mehrere Alternativen vorgestellt. Prüfen Sie bitte, welche dieser Alternativen für Sie und Ihre Arbeitsabläufe geeignet sind und wählen Sie die für Sie passende Alternative aus. Klären Sie nur die für Sie relevanten Funktionen. Des Weiteren gibt es in dem Buch mehrere Übungen, die Sie gesondert bearbeiten können.

1 Grundregeln und Prozeduren

Grundlage eines effektiven E-Mail-Managements

Entwickeln Sie für sich und Ihre Arbeitsabläufe Regeln, wie Sie mit Ihren E-Mails umgehen. Regeln dienen dabei als Unterstützung, Abläufe zu optimieren und so den alltäglichen Umgang mit E-Mails zu verbessern. Auf den folgenden Seiten lernen Sie einige hilfreiche Regeln für Ihre E-Mail-Bearbeitung kennen. Prüfen Sie diese für sich und Ihre Arbeitsabläufe und wenden Sie sie gegebenenfalls an.

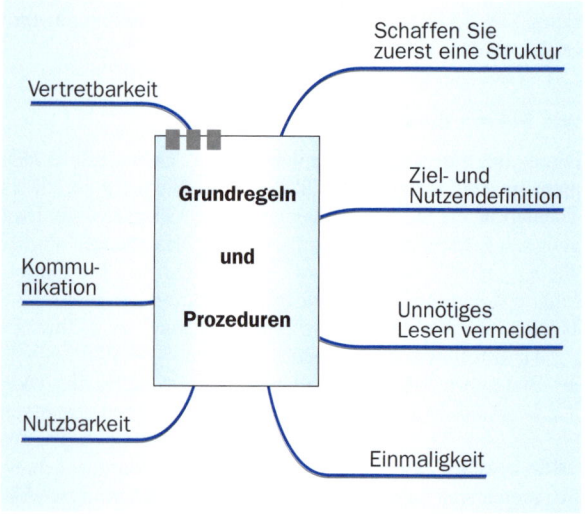

Versuchen Sie nicht, von Beginn an alle Regeln auf einmal umzusetzen. Beginnen Sie mit einer Regel, und wenn es funktioniert, nehmen Sie die nächste in Angriff.

1.1 Schaffen Sie zuerst eine Struktur

Eine gut durchdachte Struktur stellt eine der wesentlichen Voraussetzungen für die effektive E-Mail-Bearbeitung dar. Sie ist die Grundlage für alle täglichen Arbeitsroutinen im Umgang mit E-Mails und Informationen. Diese können nur dann effizient bearbeitet werden, wenn Strukturen bereits im Vorfeld planvoll entwickelt und aufgebaut wurden und während des Arbeitsprozesses wiederkehrend überprüft und angepasst werden. Die Struktur bezieht sich dabei nicht nur auf E-Mails, sondern integriert alle im täglichen Arbeitsprozess anfallenden Informationen. In diesem Buch geht es jedoch speziell um E-Mails und den effektiven Umgang mit diesen.

Unter E-Mail-Management versteht man zwei ineinander greifende Prozesskreise:
1. Aufbau der Strukturen und
2. aktiver Umgang mit E-Mails im täglichen Ablauf.

Zum Aufbau der Struktur gehören alle planerischen Tätigkeiten, wie z.B.
◆ die Entwicklung von Regeln und Prozeduren, die den täglichen Umgang mit Informationen erleichtern,
◆ der Aufbau von Strukturen am PC, nämlich
  – Auswahl der Hardware,
  – Auswahl der Software,
  – Aneignen des notwendigen Bedienerwissens,
◆ die Erstellung einer konsistenten Ablagesystematik.

Für die Erstellung einer optimalen Struktur gibt es keine Patentlösung. Die gewählte Struktur muss individuell auf Ihren Aufgabenbereich zugeschnitten sein. Ihr Aufgabenbereich bildet also den zentralen Ausgangspunkt Ihrer Struktur. Nehmen Sie sich daher die Zeit, sich über Ihre Struktur gründlich Gedanken zu machen, um so die für Sie zweckmäßige Struktur aufzubauen und weiterzuentwickeln.

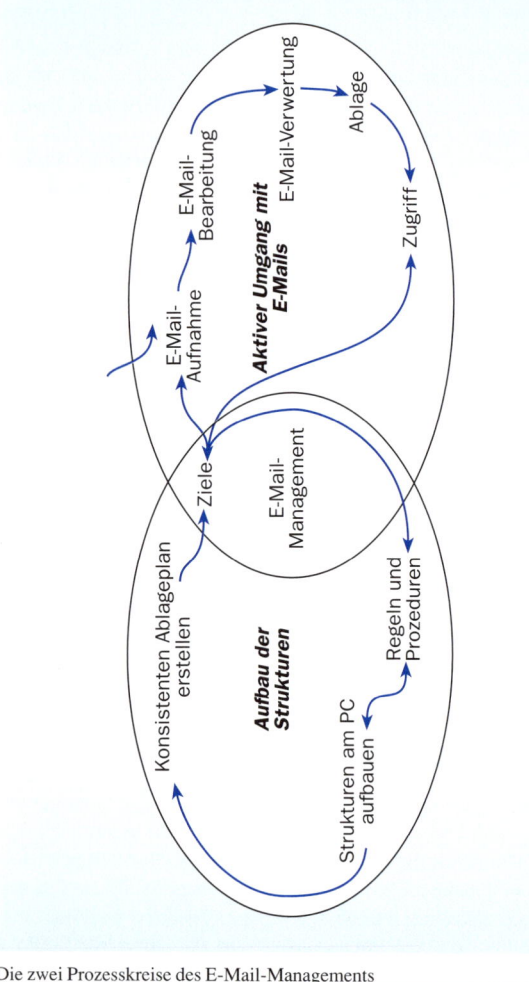

Die zwei Prozesskreise des E-Mail-Managements

Schaffen Sie keine Ad-hoc-Struktur während Ihrer täglichen Arbeitsroutine. Die Erfahrung zeigt, dass das Ergebnis selten klare Strukturen bringt, sondern vielmehr ein Kuddelmuddel an Regeln, Prozeduren und Ablagesystematiken. Sie laufen Gefahr, Informationen und E-Mails in spontan angelegte Ordner abzulegen, über die Sie den Überblick verlieren, so dass Sie sich später äußerst schwer tun, Informationen wiederzufinden.

Der aktive Umgang mit E-Mails besteht aus einem Ablauf mit folgenden Aktivitäten: E-Mail-Aufnahme → E-Mail-Bearbeitung → E-Mail-Verwertung → Ablage → Zugriff.

Stellen Sie fest, dass der Ablauf nicht reibungslos funktioniert, sollten Sie Ihre Strukturen ändern. Störungen können an jeder der fünf Aktivitäten auftreten.

Beispiel 1: E-Mail-Aufnahme
Situation: Sie stellen fest, dass Ihr Posteingang nach Ihrem Urlaub total überfüllt ist (Problem: zu viele E-Mails).
Lösungsansätze (suchen Sie selbst weitere).
- Setzen Sie einen Vertreter ein, der Ihre E-Mails während Ihrer Abwesenheit abarbeitet und beantwortet.
- Informieren Sie wichtige Kommunikationspartner vorab über Ihre Abwesenheit.

Beispiel 2: E-Mail-Bearbeitung
Situation: Sie brauchen zwei Tage, um Ihren Posteingang nach Ihrem Urlaub abzuarbeiten (Problem: Dauer).
Lösungsansätze (suchen Sie selbst weitere):
- Ändern Sie Ihre Technik im Ungang mit großen Mengen an E-Mails. Sortieren Sie z.B. Ihren Posteingang nicht nach Eingangsdatum, sondern nach dem Absender, haben Sie alle E-Mails eines Absenders gebündelt vor sich. Lesen Sie alle E-Mails eines Absenders komplett durch, bevor Sie eine einzelne E-Mail beantworten oder bearbeiten. Womöglich erledigen sich einige Aufgaben damit von selbst.

◆ Trennen Sie über Regeln oder über Suchfunktionen alle E-Mails, in denen Sie als Einziger unter An stehen von E-Mails, in denen Sie mit mehreren Empfängern unter An oder unter CC stehen. Behandeln Sie E-Mails, bei denen Sie der einzige Adressat sind, mit der höchsten Priorität. Bei E-Mails, die Sie als „CC"-Empfänger erhalten haben, erwartet der Absender von Ihnen meist keine Handlung, sondern möchte Sie lediglich informieren.

1.2 Ziel- und Nutzendefinition

Grundlage jedes erfolgreichen E-Mail-Managements sind Ziele. Diese stellen die Schnittstelle für den Aufbau der Struktur UND für den aktiven Umgang mit E-Mails dar und bestimmen somit diese Bereiche wesentlich mit. Daher steht am Anfang die Ziel- und Nutzendefinition.

Beantworten Sie erst einmal die grundlegenden Fragen:
„Welche Ziele habe ich? Welchen Nutzen möchte ich erzielen?"
Denn nur wenn Sie wissen, welches Ziel Sie verfolgen, können Sie auch sinnvolle Lösungen entwickeln. Anhand Ihrer Ziele können Sie anschließend eigene Regeln für einen sinnvollen Umgang mit E-Mails ableiten.
Ziele stellen keinen Selbstzweck dar, sondern sind stets als Ausgangspunkt zur Zielerreichung zu betrachten. Auf diesem Weg sind vier Schritte notwendig:

1. Schritt: Ziele definieren

Werden Sie sich als Erstes über Ihre Ziele klar! Beantworten Sie sich folgende Frage: *„Welche Ziele habe ich in Bezug auf E-Mails bzw. was will ich im Umgang mit E-Mails erreichen?"* Notieren Sie Ihre Zieldefinition; d.h., arbeiten Sie schriftlich! Beachten Sie dabei die üblichen Kriterien, die an Ziele gestellt werden.

Im Allgemeinen fordert man, dass Ziele schriftlich formuliert werden, realistisch sein müssen und ferner terminiert und durchführbar sein sollen.

Beispiele für mögliche Ziele im Umgang mit E-Mails
1. Ich werde ab sofort den Zeitaufwand zur Bearbeitung von E-Mails von zwei auf eine Stunde täglich reduzieren.
2. Ab nächster Woche Montag ist mein Posteingang nach Bearbeitung leer. Alle Aufgaben, die aus den E-Mails resultieren, stehen in meiner To-do-Liste. Alle E-Mails, die sich bis dahin noch in meinem Posteingang befinden, räume ich bis Freitag auf.
Tipp dazu: Schaffen Sie es zeitlich nicht, Ihre jetzigen E-Mails aufzuräumen, verschieben Sie diese E-Mails in einen Unterordner mit dem Namen „E-Mails vor Datum". Arbeiten Sie diese E-Mails dann nach und nach ab.

2. Schritt: Aktivitäten ableiten

Überlegen Sie nun, wie Sie diese Ziele erreichen können bzw. wollen. Leiten Sie aus Ihrer Zieldefinition Aktivitäten zur Zielerreichung ab. Formulieren Sie die abgeleiteten Aktivitäten hierbei wiederum nach den im ersten Schritt genannten Kriterien. Beantworten Sie bitte folgende Frage:

„Was tue ich, um meine Ziele zu erreichen? Ich werde ..."
Mögliche Aktivitäten für die genannten Ziele können sein:

Beispiel 1:
- Ich werde ab sofort den Zeitaufwand zur Bearbeitung von E-Mails von zwei auf eine Stunde täglich reduzieren.
- Ich bearbeite den Posteingang gesammelt einmal am Tag.
- Ich nehme mir für jede E-Mail maximal drei Minuten Zeit und entscheide in dieser Zeit, wie ich mit der E-Mail weiter verfahre: Papierkorb, Ablage, „Sofort Bearbeiten" oder Wiedervorlage.

Beispiel 2:
- Ab nächster Woche Montag ist mein Posteingang nach Bearbeitung leer. Alle Aufgaben, die aus den E-Mails resultieren, stehen in meiner To-do-Liste. Alle E-Mails, die sich bis dahin noch in meinem Posteingang befinden, räume ich bis Freitag auf.
- Unwichtige Werbe-E-Mails lösche ich ungelesen aus meinem Posteingang.
- Ich pflege alle wichtigen Informationen aus einer E-Mail in andere Zusammenhänge ein und lösche sie anschließend.
- E-Mails, deren Inhalte nicht in andere Zusammenhänge eingepflegt werden können und daher aufbewahrt werden müssen, werden unmittelbar nach dem Lesen den richtigen Ablageordnern zugeordnet.
- In meiner To-do-Liste notiere ich einen Bearbeitungshinweis, Ablageort der zugehörigen Unterlagen und das Wiedervorlagedatum.

Die von Ihrer Zieldefinition abgeleiteten Aktivitäten stellen Ihre persönlichen Regeln und Prozeduren dar, mit deren Hilfe Sie Ihren Umgang mit E-Mails verbessern.

Die Regeln beschreiben den grundsätzlichen Ablauf, wie Sie mit Ihren E-Mails bzw. deren Informationen umgehen und wie sie diese weiterbearbeiten. Je klarer und gewissenhafter Ihre aufgestellten Regeln sind, umso seltener werden Sie mit E-Mails konfrontiert, die Sie nur schwer oder gar nicht einer Regel zuordnen können.

3. Schritt: Aktivitäten durchführen

Führen Sie die abgeleiteten Regeln bzw. Aktivitäten auch tatsächlich durch. Nur so können Sie Ihr Ziel erreichen.
Stellen Sie sich hierzu folgende Fragen:
- Welche Hilfe brauche ich dazu?
- Womit fange ich an?

> Fangen Sie mit den Dingen an, die am schnellsten Nutzen bringen!

4. Schritt: Zielerreichung kontrollieren

Kontrollieren Sie, ob Sie Ihr Ziel auch tatsächlich erreicht haben. Überprüfen Sie, ob die Aktivitäten bzw. Regeln, die Sie aus Ihrer Zieldefinition abgeleitet haben, zweckmäßig sind. Modifizieren Sie diese gegebenenfalls.
Stellen Sie fest, dass Ihre Ziele unrealistisch sind und sie sich deshalb trotz Modifikation Ihrer Aktivitäten nicht erreichen lassen, so ändern Sie Ihr Ziel entsprechend ab.

1.3 Unnötiges Lesen vermeiden

Alles, was Sie doppelt oder gar mehrfach lesen, kostet Sie viel Zeit, meist ohne dass Sie davon profitieren. Dies trifft besonders auf E-Mails zu: Schließen Sie eine E-Mail nach dem Lesen, wird diese von vielen Programmen (z.B. Outlook, Lotus Notes) ungefragt wieder in den Posteingang gelegt. Dort verbleibt sie, bis Sie sie löschen oder verschieben. Versäumen Sie es also, sofort nach dem Lesen eine Entscheidung zu treffen, wie Sie mit der E-Mail verfahren, verbleibt diese nach ihrer Kenntnisnahme oder Beantwortung in Ihrem Postfach. Die Folge ist Überfüllung des elektronischen Posteingangs.

Diese Handhabung ist aus arbeitsmethodischer Sicht kritisch. In Ihrem Posteingang vermischen sich gelesene Nachrichten mit neuen Nachrichten, und Sie laufen Gefahr, den Überblick zu verlieren. Dies führt dazu, dass Sie bereits gelesene E-Mails erneut lesen, um letztlich wieder vor der Entscheidung zu stehen, wie Sie diese E-Mail weiterbearbeiten wollen. Deshalb:

> Halten Sie den Posteingang für neu eingehende und ungelesene Nachrichten frei. Treffen Sie unmittelbar nach dem Lesen eine Entscheidung, wie Sie mit der E-Mail weiter verfahren und notieren Sie Ihre Entscheidung.

Entwickeln Sie hierzu eine Posteingangsroutine, d.h. einen Ablaufplan, der eine Überfüllung Ihres Posteingangs verhindert. Die Entscheidungsmöglichkeiten, die Ihnen für die Weiterbearbeitung einer E-Mail zur Verfügung stehen, sind Teil Ihrer Posteingangsroutine. Seien Sie sich darüber im Klaren, dass die Durchsicht Ihres elektronischen Posteingangs eine wichtige Aufgabe ist, für die Sie sich bewusst Zeit nehmen sollten. Ein gut durchdachter Ablaufplan schafft die Voraussetzungen, um die jeweilige Angelegenheit effizient erledigen zu können. Wann und wie oft Sie Ihre E-Mails lesen und bearbeiten, sollten Sie einerseits von Ihren Firmengegebenheiten, andererseits von Ihren persönlichen Arbeitsabläufen abhängig machen. Idealerweise führen Sie Ihre Posteingangsroutine einmal täglich durch. Dies reicht natürlich nicht aus, wenn in Ihrem Unternehmen E-Mails üblich sind, die innerhalb der nächsten 15 Minuten das Herunterfahren des Servers ankündigen.

Bedenken Sie jedoch, dass E-Mails auch eine Störquelle darstellen, die Sie an konzentrierter Arbeit hindern. Laufende Unterbrechungen durch eingehende E-Mails machen ein immer wieder erneutes Hineindenken in eine Aufgabe notwendig. Dies wird als „Sägeblatt-Effekt" bezeichnet. Mehr zu diesem Effekt und seinen Auswirkungen erfahren Sie im Pocket Business „Zeitmanagement".

Gehen Sie bei Ihrer Posteingangsroutine nach dem folgenden Schema vor:

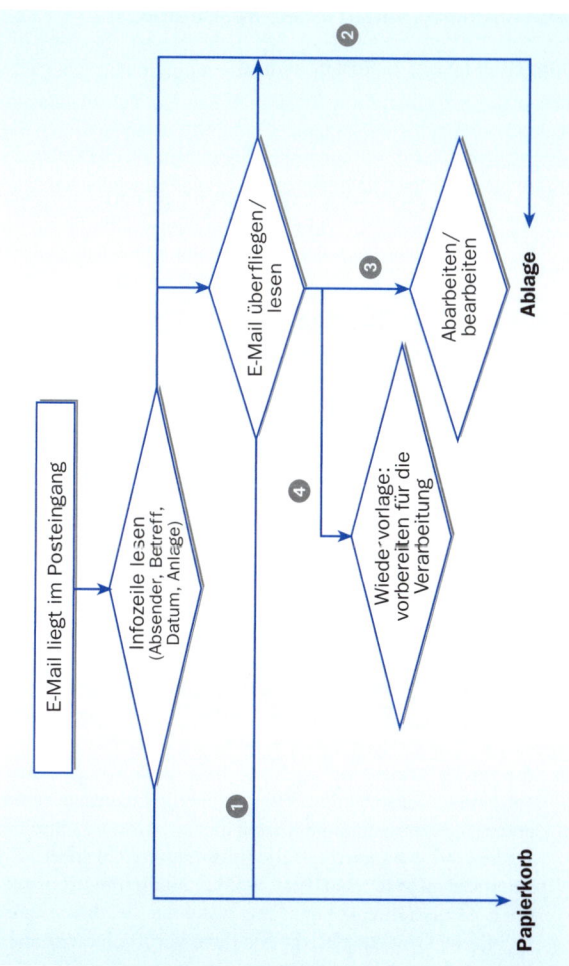

Ablauf E-Mail-Bearbeitung

Beschreibung: Ablauf E-Mail-Bearbeitung

Infozeilen lesen: 1. Entscheidung

Lesen Sie zunächst die Infozeile (Absender, Betreff, Datum, Anlage) aller neu eingegangenen E-Mails und entscheiden Sie, ob Sie diese E-Mail öffnen, ungeöffnet löschen oder sofort ablegen. Löschen Sie alle irrelevanten E-Mails umgehend.

> Werbung, an der Sie kein Interesse haben, sollten Sie ungeöffnet löschen, damit Sie nicht abgelenkt werden.

E-Mail öffnen und überfliegen / lesen: 2. Entscheidung

Lesen bzw. überfliegen Sie nun die übrig gebliebenen E-Mails. Nehmen Sie sich pro E-Mail max. drei Minuten Zeit, um

- die E-Mail zu lesen bzw. zu überfliegen,
- eine Entscheidung zu treffen, wie sie damit weiter verfahren (in der E-Mail notieren), und
- die E-Mail eventuell schon zu bearbeiten, sofern dies bereits in den drei Minuten möglich ist. Setzen Sie sich dabei das Ziel, möglichst viele Dinge sofort zu erledigen (z.B. eine telefonische Terminvereinbarung oder Ähnliches).

Es gibt folgende Alternativen für die Weiterbearbeitung:

1. **Papierkorb**: Enthält eine E-Mail keine wichtige Information, kann sie sofort gelöscht werden.

2. **Ablage**: E-Mails, die wichtige Informationen enthalten, sollten Sie aufbewahren. Pflegen Sie die Informationen in andere Zusammenhänge ein und löschen Sie die E-Mail anschließend. Können nicht alle Informationen in andere Zusammenhänge eingearbeitet werden, dann integrieren Sie die E-Mail in Ihre Ablage. Bitte beachten Sie, dass es auch rechtliche Gründe gibt, die Sie dazu verpflichten können, E-Mails bzw. deren Inhalt über einen gewissen Zeitraum aufzubewahren (z.B. steuerlich relevante E-Mails).

3. **Sofort bearbeiten**: Bearbeiten Sie alle E-Mails, die Sie sofort (innerhalb der drei Minuten) erledigen können, direkt. Die übrigen E-Mails, für die Sie mehr Zeit benötigen, sollten Sie auf Wiedervorlage legen.

4. **Wiedervorlage**: Für später zu bearbeitende E-Mails sollten Sie unbedingt ein Wiedervorlagesystem entwickeln.

Es versteht sich von selbst, dass Sie für alle eingehenden Mails diese vier Schritte durchlaufen müssen.

1.4   Einmaligkeit

Eine weitere Grundregel beim Umgang mit E-Mails ist das Prinzip der Einmaligkeit, d.h., jede E-Mail sollte nur einmal vorkommen. Dies lässt sich aus zwei unterschiedlichen Perspektiven, aus der Sender- und Empfängerperspektive, betrachten:

Einmaligkeit aus Empfängersicht

Bei der Ablage stellt sich oft die Frage nach der Zuordnung. Dabei sind inhaltliche Überschneidungen keine Seltenheit. Um der Entscheidung der Zuordnung zu entgehen, werden die E-Mails oftmals kurzerhand kopiert und die Kopien den jeweils passenden Ordnern zugewiesen.
Diese Vorgehensweise ist jedoch höchst problematisch und führt schnell dazu, den Überblick über abgelegte E-Mails zu verlieren. Achten Sie deshalb darauf, empfangene E-Mails nicht unnötigerweise zu vervielfältigen und an unterschiedlichen Orten abzulegen. Sie behalten so besser den Überblick, können schneller auf Ihre E-Mails zugreifen und erleichtern sich die Pflege und das Einarbeiten weiterer Informationen.
Um die E-Mail dennoch in allen mit ihr inhaltlich verbundenen Ordnern verfügbar zu haben, sollten Sie mit Verweisen arbeiten . Nähere Informationen dazu siehe im Kapitel „Der Umgang mit eingehenden E-Mails" beim Thema „Ablage".

Haben Sie alle wichtigen Informationen (z.B. E-Mail-Adresse des Absenders, Terminvereinbarungen, Dateien aus der Anlage etc.) aus einer empfangenen E-Mail in andere Zusammenhänge eingepflegt, müssen Sie die E-Mail selbst nicht weiter aufbewahren. Löschen Sie sie, das bringt Platz im Postfach!

Einmaligkeit aus Sendersicht

Eine Datei, die Sie als Anlage einfügen, wird kopiert, was bei einem größeren Empfängerkreis die Datenmenge vervielfacht, und wenn dieser Kreis zum gleichen Unternehmen gehört, dessen Server enorm aufbläht. Klären Sie deshalb, ob der Versand als Mail-Anhang wirklich nötig ist oder ob es bessere Weg gibt, wie z.B. die Datei über das Intranet zugänglich zu machen. Andernfalls sollten Sie auch hier mit Verweisen ➔ arbeiten. Mittels eines Hyperlinks wird ein Verweis auf die Datei in die Nachricht eingefügt. Der Empfänger kann somit direkt auf die Originaldatei zugreifen, vorausgesetzt er hat die notwendigen Rechte dafür und ist online. Für eine solche Anwendung muss im Unternehmen das Intranet oder ein Dokumentenmanagementsystem entsprechend eingerichtet sein.

1.5 Nutzbarkeit

Beim Umgang mit Informationen in E-Mails fragen wir uns oft, wo diese abgelegt werden sollen. Dazu muss jedoch bereits im Vorfeld geklärt werden, was mit der Information später passieren soll. Stellen Sie sich deshalb zuerst die Frage: *„Wozu lege ich diese Information ab?"*

Damit lenken Sie den Fokus stärker auf die Nutzbarkeit der Information. Nur wenn Sie wissen, wer, wann und in welcher Form auf die Information zugreifen muss, können Sie richtig entscheiden, wo Sie welche Information ablegen. Ihr Ziel sollte sein, Informationen nicht einfach nur abzulegen, damit sie vom „Tisch" sind, sondern sie so abzulegen, dass jeder, der die

Information benötigt, zum richtigen Zeitpunkt und in der passenden Form auf sie zugreifen kann.

1. Schritt: Klären Sie:

Wer?	Wann?	In welcher Form?
Wer muss auf die abgelegte Information zugreifen können?	Wann muss die Information verfügbar sein?	Wie muss die Information vorliegen?
– nur ich	– sofort	– als E-Mail
– mehrere Personen	– zu einem bestimmten Zeitpunkt	– in einem bestimmten Dateiformat
– es kommen weitere Personen dazu		– in einer Datenbank
		– auf Papier

2. Schritt: Entscheiden Sie nun:

WO?
Aufgrund der Antworten des ersten Schrittes können Sie nun einen geeigneten Ablageort für Ihre Informationen auswählen.

- gemeinsames Laufwerk
- Intranet
- persönlicher Ordner
- Papierablage

Bitte bedenken Sie: Informationen sind für uns und unsere Arbeit nur von Bedeutung, wenn sie nutzbar sind. Gehen Sie deshalb gewissenhaft mit Ihren Informationen um. Nicht nur in Bezug auf den Ablageort, sondern auch im täglichen Umgang können Sie mit einfachen Mitteln, die Informationen aus Ihren E-Mails nutzbar machen. Dazu folgt eine Übersicht:

Das Vorgehen bei der Bearbeitung

Markieren wichtiger Textstellen

Markieren Sie wichtige Textstellen sofort beim bzw. nach dem ersten Lesen der E-Mail. Mittels farbiger Kennzeichnung können Sie später beim Bearbeiten die wichtigen Details erkennen, ohne den gesamten Text noch einmal durcharbeiten zu müssen.

Technischer Tipp: Markieren klappt nur, wenn Textteile einer E-Mail in einem formatierbaren Format vorliegen (z.B. RTF-Format oder HTML-Format, nicht aber im Nur-Text-Format). Je nach Software, Format und Grundeinstellung ist eine Veränderung (z.B. Formatierung) nicht möglich.

Reduktion der Größe der Information

Sie erfolgt, indem Sie unwichtige Textstellen löschen, bevor Sie die Nachricht abspeichern. Legen Sie Anlagen einer E-Mail im Dateisystem ab und nicht in Ihrem E-Mail-Programm. Möchten Sie trotzdem einen Zusammenhang zur E-Mail herstellen, ist es nützlich eine Verknüpfung ➡ auf die Anlage in der Nachricht abzulegen.

Auf Wiedervorlage legen

Legen Sie Informationen, die Sie zu einem späteren Zeitpunkt bearbeiten wollen, auf Wiedervorlage. Mehr dazu finden Sie im Abschnitt „Wiedervorlage".

Kategorisieren von Informationen

Nehmen Sie eine Kategorisierung Ihrer Informationen vor ➡. Das erleichtert den Überblick und hilft beim Suchen nach Daten in einem bestimmten Zusammenhang, vor allem, wenn sich der Zusammenhang nicht über die Hierarchie darstellen lässt.

Löschdatum festlegen

Versehen Sie E-Mails zu bestimmten Terminen mit Bearbeitungsfristen oder bei zeitlich begrenzter Bedeutung mit einem Löschdatum ➡.

1.6 Kommunikation

E-Mails sind zwar vielfach unentbehrlich geworden, andererseits aber nicht immer das geeignete Kommunikationsmittel.

Gehen Sie bewusst mit den Möglichkeiten der modernen Kommunikationsmittel um!

Wann Sie welches Kommunikationsmittel einsetzen, sollten Sie von folgenden Faktoren abhängig machen:
- Mit welcher Person bzw. welchem Empfänger kommuniziere ich?
- Wie ist die Kommunikationssituation?
- Über welche Inhalte wird kommuniziert?

Person

Überlegen Sie zuerst, mit wem Sie kommunizieren. Nicht jeder ist schnell über E-Mail zu erreichen. Legen Sie mit Ihrem Kommunikationspartner den besten Kommunikationsweg fest. Vereinbaren Sie dabei auch ein Alternativmedium, falls der ursprünglich vereinbarte Kommunikationsweg blockiert ist.

Situation

Ob Sie das Kommunikationsmedium E-Mail einsetzen, sollten Sie des Weiteren von der Situation abhängig machen. Beispielsweise gibt es Dinge, die „jetzt sofort" erledigt werden müssen und über einen Telefonanruf schneller und effektiver geklärt werden können.

Inhalt

Das dritte Kriterium betrifft den Inhalt, über den Sie mit Ihrem Adressaten kommunizieren. Überlegen Sie sich, ob für Ihre Nachricht eine E-Mail das passende Kommunikationsmittel ist oder ob Sie die Informationen lieber in einem persönlichen Gespräch übermitteln. Denn:

Kommunikation per E-Mail ist nicht mit allen Partnern möglich.

E-Mail bietet durchgehend viele Vorteile, schnell Informationen zu verteilen und weiterzuleiten. Ob sie als konstruktives Kommunikationsmedium für einen sinnvollen Gedankenaustausch taugt, hängt vom Fall ab. Oft sind persönliche Gespräche nicht durch E-Mails zu ersetzen.

Verwenden Sie das Telefon oder nutzen Sie das persönliche Gespräch, ...

personenabhängig:
- ... wenn Ihr Empfänger in unmittelbarer Nähe sitzt.
- ... wenn die Person, mit der sie kommunizieren, „kompliziert" ist

situationsabhängig:
- ... wenn Ihr Gesprächspartner eine Serie von Fragen beantworten soll.
- ... falls Sie sofort eine Antwort benötigen und wissen, dass der Empfänger nicht regelmäßig seine E-Mails liest.
- ... zur Lösung zwischenmenschlicher Probleme.

inhaltsabhängig:
- ... für komplizierte Gesprächsthemen.
- ... für die Kommunikation von Themen, die emotional und gefühlsbetont sind (z.B. Lob und Kritik).
- ... bei der Delegation unangenehmer Aufgaben.
- ... für vertrauliche Gespräche.

1.7 Vertretbarkeit

Schnelligkeit und ständige Erreichbarkeit sind Erfolgsfaktoren, die eine immer zentralere Rolle einnehmen. Um diese Anforderungen jedoch gewährleisten zu können, ist die Vertretbarkeit eine notwendige Eigenschaft der Arbeit geworden.

Sind Sie nicht vertretbar, weil Sie keinen Vertreter haben oder weil Ihren Kollegen dazu das notwendige Wissen fehlt, stehen Sie ständig unter Druck, alles selbst zu bewältigen.

Welche Merkmale sind für Ihre Vertretbarkeit entscheidend? Welche Voraussetzung braucht Ihr Vertreter, um Sie angemessen vertreten zu können?

Nehmen Sie sich fünf Minuten Zeit und notieren Sie auf ein Blatt Papier, welche Voraussetzung Ihr Kollege mitbringen muss, um Sie während Abwesenheiten angemessen vertreten zu können. Sicherlich sind Ihnen auch einige der folgenden Punkte eingefallen:

Voraussetzungen
- Vertreter hat die fachliche Kompetenz.
- Vertreter hat die notwendige Zeit.
- Vertreter und Vertretener kommen miteinander klar.
- Vertreter findet die notwendigen Informationen.

Meist liegt das Problem bei der Vertretbarkeit nicht darin, dass dem Vertreter das Know-how oder die Zeit für die Vertretung fehlt. Ein weitaus gewichtiger und häufigerer Hinderungsgrund ist die Tatsache, dass der Vertreter nicht alle notwendigen Informationen zur Verfügung hat, um Sie angemessen vertreten zu können.

Aufgrund dieser Problematik ist das Prinzip der Vertretbarkeit sehr stark mit Aspekten der Ablage und des Zugriffs auf Informationen verzahnt. Ihr Vertreter muss also:
1. Zugriff auf Ihre E-Mail-Ablage und damit auf alle wichtigen Informationen haben und
2. diese Informationen auch in Ihrer Ablage finden.

Dies kann vor allem dann gewährleistet werden, wenn alle Personen, die sich gegenseitig vertreten, nach demselben System arbeiten. Auf diese Weise findet sich Ihr Vertreter schnell in Ihren abgelegten E-Mails und Informationen zurecht und kann Ihre eingehenden E-Mails während Ihrer Abwesenheit bearbeiten und beantworten. Den Anforderungen der Schnelligkeit und der ständigen Erreichbarkeit wird somit auch während Ihrer Abwesenheit Rechnung getragen.

Verlassen Sie Ihren Arbeitsplatz (elektronisch und Papier) so, dass Ihr Vertreter mit Ihrer Arbeit weitermachen kann.

Auf den Punkt gebracht:

Entwickeln Sie im Umgang mit E-Mails Regeln, die Sie dabei unterstützen, Ihre Arbeitsabläufe zu optimieren.

- ◆ Eine gut durchdachte Struktur ist die Grundvoraussetzung für die effektive E-Mail-Bearbeitung. Dazu gehören:
  - die Entwicklung von Regeln und Prozeduren im Umgang mit E-Mails,
  - der Aufbau von PC-Strukturen,
  - die Erstellung einer konsistenten Ablagesystematik.

- ◆ Ziele stellen die Schnittstelle zwischen Aufbau der Struktur und aktivem Umgang mit E-Mails dar.

- ◆ Vermeiden Sie unnötiges Lesen: Treffen Sie unmittelbar nach dem Lesen eine Entscheidung, wie Sie mit der E-Mail weiter verfahren, und notieren Sie Ihre Entscheidung. Entwickeln Sie eine Posteingangsroutine, die eine Überfüllung Ihres Posteingangs verhindert.

- ◆ Jede E-Mail sollte nur einmal vorkommen.

- ◆ Informationen aus E-Mails müssen nutzbar sein.

- ◆ Gehen Sie bewusst mit den Möglichkeiten der modernen Kommunikationsmittel um! Wann Sie welches Kommunikationsmittel einsetzen, sollten Sie von Ihrem Kommunikationspartner, der Kommunikationssituation und den zu kommunizierenden Inhalten abhängig machen.

- ◆ Vertretbarkeit ist eine wichtige Eigenschaft Ihrer Arbeit. Achten Sie darauf, dass Ihr Vertreter auf alle wichtigen Informationen zugreifen kann, um Sie angemessen vertreten zu können.

2 Umgang mit eingehenden E-Mails

Die Flut bewältigen

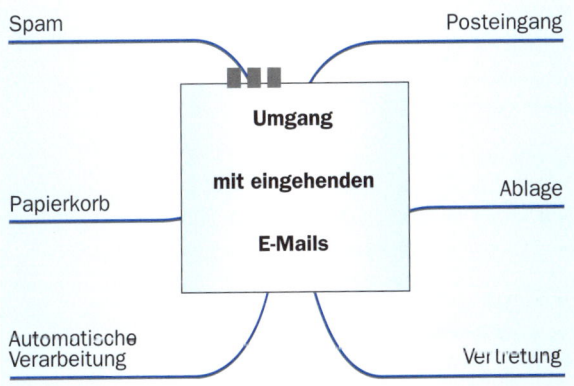

2.1 Posteingang

Um die mehrfach angesprochene Fülle an Nachrichten effektiv verarbeiten zu können, bedarf es einer konsequenten Arbeitsmethodik! Wir folgen in diesem Kapitel dem auf Seite 19 abgebildeten Ablaufdiagramm und besprechen es detaillierter.

Lesen, aber wie!

Effektiver Umgang mit E-Mails beginnt schon beim Lesen. Für viele Menschen fängt der informative bzw. wichtige Teil einer E-Mail erst beim „eigentlichen" Text an. Doch eine E-Mail enthält mehr wichtige Informationen: Bereits der E-Mail-Kopf liefert Hinweise für eine effektive Weiterverarbeitung.

Eine E-Mail besteht grundsätzlich aus folgenden Elementen:
1. Absender
2. Empfänger
3. Betreff
4. Zusatzeinstellungen
5. Text/Inhalt

> Beginnen Sie mit dem Lesen stets am E-Mail-Kopf und werten Sie die dort eingetragenen Informationen mit aus.

Sie erleichtern Ihnen unter Umständen die Entscheidung, wie Sie mit der E-Mail weiter verfahren werden.

Absender

Dies ist die erste Information, die Ihnen einen Hinweis auf die Bedeutung der E-Mail gibt. Ist der Absender wichtiger Partner oder handelt es sich um unerwünschte Werbung usw.?

Empfänger

Beim Empfänger lassen sich folgende Felder unterscheiden:
- **An:** Hier steht der Adressat. Von ihm wird zusätzlich zum Lesen der E-Mail eine Handlung erwartet (z.B. beantworten, erledigen).
- **CC:** (= Carbon Copy, abgeleitet vom früher benutzten Kohlepapierdurchschlag): Darin werden alle Empfänger eingetragen, die eine Kopie der E-Mail erhalten sollen. Von diesen Empfängern wird keine Handlung erwartet, sondern sie werden lediglich informiert. Der Empfänger kann natürlich dennoch antworten.
- **BCC:** (= Blind Carbon Copy): Die in diesem Feld eingetragenen Empfänger, erhalten eine Kopie der E-Mail, was aber bei den im „An"- oder „CC"-Feld angeführten Empfängern nicht angezeigt wird. Es ist also eine „geheime, blinde" Kopie – zur Information und ohne Erwartung einer Antwort.

Prüfen Sie, ob Sie die erhaltene E-Mail als Hauptempfänger oder in Kopie (als CC/BCC) bekommen haben. Dies liefert Ihnen Informationen darüber, ob die E-Mail eine Aufgabe an Sie darstellt oder ob Sie sie nur zur Kenntnis nehmen sollen.

Betreff

Der Betreff ist eine kurze und informative Beschreibung der Nachricht. Daran sollten Sie bereits erkennen können, worum es inhaltlich in der E-Mail geht (vorausgesetzt der Absender hat hier gut gearbeitet, siehe Näheres in Kapitel 3).

Zusatzeinstellungen

Einige Programme (z.B. Outlook, Lotus Notes) bieten die Möglichkeit, die E-Mail mittels verschiedener Zusatzeinstellungen zu kennzeichnen. Diese erscheinen häufig abgesetzt im E-Mail-Kopf. Gebräuchlich sind:

1. In allen Programmen mögliche Zusatzeinstellungen:
   ◆ Kennzeichnung der E-Mail als privat.
   ◆ Kennzeichnung der E-Mail als dringend.
2. Zusatzeinstellungen, die nur von einigen E-Mail-Programmen unterstützt werden:
   ◆ Der Absender weist der E-Mail ein Verfallsdatum zu.
   ◆ Über Abstimmungsschaltflächen werden Sie aufgefordert, eine Frage des Absenders zu beantworten.
   ◆ Der Absender fügt einen Kommentar in den E-Mail-Kopf ein (z.B. „bitte telefonisch melden"). Der Absender kann Ihnen so in Kürze mitteilen, was er mit der E-Mail bei Ihnen bezweckt oder wo die Mail zuzuordnen ist.

Text/Inhalt

Hier erfahren Sie im Detail, welches Anliegen der Absender hat und was genau er von Ihnen möchte. Wie Sie mit den Informationen aus dem E-Mail-Text umgehen, haben Sie bereits im Abschnitt „Unnötiges Lesen vermeiden" erfahren.

Viele E-Mail-Programme haben die Funktion des Vorschaufensters. Darin wird der Text der E-Mail angezeigt. Je nach Einstellung gilt damit die E-Mail bereits als geöffnet. Der

E-Mail-Text kann im Vorschaufenster häufig nur gelesen, nicht bearbeitet werden. Zudem werden im Vorschaufenster nicht alle Informationen angezeigt. Bitte bedenken Sie, dass Viren, die möglicherweise in einer HTML-formatierten E-Mail mitgesendet wurden, hier schon aktiv werden können.

(Sofort) bearbeiten

Wie bereits im Abschnitt „Unnötiges Lesen vermeiden" ausgeführt, stehen Ihnen nach dem Lesen bzw. Überfliegen der E-Mail vier Möglichkeiten offen, wie Sie weiter verfahren können: 1. Papierkorb, 2. Ablage, 3. sofort bearbeiten oder 4. Wiedervorlage.

> E-Mails, die Sie innerhalb von drei Minuten erledigen können, sollten Sie sofort bearbeiten. Setzen Sie sich zum Ziel, bei der Abarbeitung Ihrer neu eingegangenen E-Mails möglichst viele Dinge sofort zu erledigen.

Reflektieren Sie hierzu die Aufgaben, die aus Ihren E-Mails resultieren. Nehmen Sie sich zehn Minuten Zeit und beantworten Sie folgende Frage: *„Welche Aufgaben können Sie innerhalb von drei Minuten erledigen?"*
Notieren Sie diese Aufgaben auf einem Blatt Papier. Sie werden sehen, es sind einige dabei, die nicht mehr als drei Minuten Bearbeitungszeit benötigen.

Haben Sie auch an folgende Aufgaben gedacht?
- Empfangsbestätigung,
- Dank für den Erhalt der E-Mail,
- Ablage der E-Mail,
- Einpflegen von Informationen aus der E-Mail in andere Zusammenhänge,
- Weiterleitung der E-Mail,
- Löschen unwichtiger E-Mails,
- Anfragen weiterer Informationen,
- Kurze (organisatorische) Telefonate,
- Terminabsprachen (bestätigen).

Erledigen Sie diese Dinge unmittelbar nach dem ersten Lesen bzw. Überfliegen der E-Mail. Damit haben Sie einen Teil Ihrer E-Mails schon vollständig bearbeitet und er belastet nicht unnötigerweise Ihre Wiedervorlage.

Wiedervorlage

Für E-Mails, die Sie erst zu einem späteren Zeitpunkt bearbeiten wollen oder können, sollten Sie eine Wiedervorlage entwickeln. Die Erfahrung zeigt: Ohne ein Wiedervorlagesystem, das an Sie und Ihre Aufgaben angepasst ist, verbringen Sie zu viel Zeit mit der Suche nach Unterlagen oder Informationen. Die Wiedervorlage ist also ein wesentlicher Bestandteil einer effektiven Büroorganisation. Typische Situationen für den Einsatz einer Wiedervorlage:

- Sie können einen Vorgang nicht zu Ende bringen, weil Sie wichtige Informationen erst später erhalten werden.
- Sie haben einem Ihrer Kunden ein Angebot geschickt und möchten in einer Woche nachfassen.
- Sie möchten die termingerechte Lieferung Ihrer Bestellung überwachen.
- Sie erhalten eine Einladung.
- Ihr Kollege hat ein Jubiläum. Sie möchten anhand der Personaldaten eine Glückwunsch-Mail verfassen.
- Sie haben einen interessanten Newsletter erhalten, den Sie lesen möchten, haben aber momentan keine Zeit dazu.

Methoden der Wiedervorlage:

Bei der Gestaltung stehen Ihnen grundsätzlich zwei unterschiedliche Vorgehensweisen zur Verfügung:

1. Unbearbeitete E-Mails befinden sich in der Wiedervorlage
Bei dieser Methode legen Sie alle E-Mails in die Wiedervorlage. Das dahinter stehende Prinzip lautet: „Nichts Unerledigtes in die Ablage!" Der Grund dieser Methode und auch gleichzeitig ihr Vorteil ist, dass Sie auf diese Weise nicht übersehen können, dass eine E-Mail noch offen ist.

Diese Methode ist simpel und effektiv. Suchen Sie jedoch zwischendurch überraschend nach etwas, müssen Sie im schlimmsten Fall die gesamte Wiedervorlage durchforsten. Das Wiederfinden in der Wiedervorlage ist ein grundsätzliches Problem, dessen Lösung zur zweiten Methode führt:

2. Unbearbeitete E-Mails befinden sich in Ihrer Ablage
Bei dieser Methode legen Sie alle E-Mails und Informationen sofort dort ab, wo sie hingehören: in Ihre Ablage. In Ihrer Wiedervorlage hingegen notieren Sie sich dafür einen Bearbeitungshinweis, den Ablageort der dazugehörigen Unterlagen und das Wiedervorlagedatum.

Ihre Wiedervorlage stellt somit lediglich eine To-do-Liste dar, in der alles aufgelistet ist, was Sie zu einem späteren Zeitpunkt bearbeiten möchten. Die To-do-Liste können Sie in dem Format darstellen, das Ihnen am meisten liegt. Möglich sind:
- auf Papier,
- als Excel-Liste,
- in Ihrem E-Mail-Programm in den Aufgaben ➡.

Wiedervorlagesysteme

Wo legen Sie Informationen am sinnvollsten so ab, dass Sie zum richtigen Zeitpunkt daran erinnert werden und Ihnen nichts entgeht? Für die Gestaltung Ihrer Wiedervorlage stehen mehrere Möglichkeiten offen, die auf den folgenden Magazinseiten (S. 36 f.) dargestellt sind. Prüfen Sie, welche für Ihre Arbeitsabläufe geeignet ist. Wählen Sie möglichst nur eine.

> Um maximale Übersichtlichkeit zu erhalten, sollten Sie möglichst wenige verschiedene Systeme verwenden.

Weiterer Ablauf E-Mail-Bearbeitung

Die Wiedervorlage hat Auswirkungen auf Ihre weitere Posteingangsroutine. In Ihrer Wiedervorlage befinden sich mit großer Wahrscheinlichkeit sehr unterschiedliche Vorgänge, mit denen Sie nun auf ganz verschiedene Weise weiterverfahren:

- E-Mails, die Sie am Wiedervorlagetermin erst einmal bearbeiten müssen.
- E-Mails, die nach Ablauf der Frist bzw. eines bestimmten Datums an Gültigkeit verlieren und damit gelöscht werden können.
- E-Mails, die nach ihrem Fälligkeitsdatum endgültig abgelegt werden können.

2.2 Ablage

Ablage ist lästig. Schlimmer ist aber, Zeit mit Suchen zu verschwenden, Mails gar nicht wiederzufinden und evtl. sogar Schaden zu erleiden. Die Ablage spielt also eine entscheidende Rolle für das spätere Wiederauffinden von E-Mails. Sie ist damit ein wichtiger Teilbereich der Strukturen für eine effektive E-Mail-Bearbeitung (s. „Schaffen Sie zuerst eine Struktur").

Ist-Stand und Ziele meiner derzeitigen Ablage

Bevor Sie Ihre Ablagesystematik verändern, verdeutlichen Sie sich erst einmal den „Ist-Stand" Ihrer E-Mail-Ablage. Prüfen Sie, welche dieser Aussagen auf Ihre E-Mail-Ablage zutreffen.
- Die E-Mail-Ablage ist in die Datei-Ablage integriert.
- Die Datei-Ablage ist in die E-Mail-Ablage integriert.
- E-Mail-Ablage und Datei-Ablage sind getrennt.
- Nur ich habe auf meine E-Mail-Ablage Zugriff.
- Kollegen haben auf meine E-Mail-Ablage Zugriff.
- Meine Kollegen und ich legen gemeinsam E-Mails in eine Ablage.
- Ich lege spontan neue Ordner an.
- Ich verwende Schlagwörter.
- Die hinter Ihrer Ablage stehende Systematik lässt sich jemand anderem innerhalb einer halben Stunde erklären.

Nun können Sie darangehen, von Ihrem jetzigen Stand aus Ihre E-Mail-Ablage zu optimieren. Die folgenden Ausführungen beziehen sich speziell auf die E-Mail-Ablage, können jedoch auch auf die Datei-Ablage übertragen werden.

Möglichkeiten der Organisation einer Wiedervorlage

Wiedervorlage über eine To-do-Liste in den Aufgaben

Erstellen Sie eine To-do-Liste mit Bearbeitungshinweisen. Falls Sie alle E-Mails, Infos und Dokumente direkt nach Eingang in der Ablage ablegen, machen sie über den Ablageort einen Verweis. Besonders geeignet für eine übersichtliche und einheitliche Wiedervorlage sind die „Aufgaben". Erstellen Sie dabei für jeden Vorgang eine eigene Aufgabe.

Vorteile dieses Vorgehens

– Die Erinnerungsfunktion des Systems ist nutzbar.
– Neue Aufgaben lassen sich leicht festlegen.
– E-Mails können einfach in eine Aufgabe überführt und dort für die Wiedervorlage verwaltet werden.

Die Methode hat sich als äußerst praktikabel erwiesen. Dennoch haben auch andere Systematiken ihre Berechtigung.

Wiedervorlage auf Papier

Dafür sind Wiedervorlagemappen bekannt, die übersichtlich nach Monaten (= 12 Fächer) und Tagen (= 31 Fächer) aufgebaut sind.
Das Arbeitsprinzip: Man notiert auf den Unterlagen das betreffende Wiedervorlagedatum und legt sie in ihr entsprechendes Fach. Der tägliche Griff in das aktuelle Fach und die Durchsicht, was heute ansteht, reichen aus, dass kein offener Vorgang übersehen werden kann.

Vor- und Nachteile dieses Vorgehens
- E-Mails, die Sie auf Wiedervorlage legen möchten, müssen ausgedruckt und ebenfalls in die Wiedervorlageordner einsortiert werden.
- Der Schritt zurück zur reinen Papierwiedervorlage ist auf Grund des hohen Vernetzungsgrades für die meisten wenig gangbar.

Deshalb: Diese Wiedervorlagesystematik ist heute nur noch dann empfehlenswert, wenn der Großteil Ihrer Dokumente und Unterlagen in Papier vorliegt und Sie nur wenig über E-Mail kommunizieren.

Wiedervorlage in elektronischen Wiedervorlageordnern

Die Papier-Methode lässt sich sehr einfach auf die elektronische Wiedervorlage Ihrer E-Mails übertragen: Legen Sie in Ihrem Postfach einen Ordner mit dem Namen „Wiedervorlage" an. In diesem Ordner legen Sie 31 Unterordner für jeden Tag eines Monats und 12 weitere Unterordner für jeden Monat an. E-Mails, die Sie zu einem späteren Zeitpunkt bearbeiten möchten, verschieben Sie in den jeweiligen Wiedervorlage-Ordner. Auch hier müssen Sie dann täglich in den betreffenden Ordner schauen.

Allgemeiner Rat: Achten Sie darauf, keine Unterlagen auf Tage zu legen, an denen Sie abwesend sind!

Praxistipp

Fügen Sie in jede E-Mail am Beginn des Betreffs das konkrete Datum ein, an dem die E-Mail bearbeitet werden soll. Auf diese Weise können Sie am Anfang eines neuen Monats alle E-Mails dieses Ordners nach dem Datum sortieren, um sie so schneller den einzelnen Tagen, an denen sie bearbeitet werden sollen, zuordnen zu können.

Achtung: Das System sortiert Monatsnamen alphabetisch, was unübersichtlich wird.

Um Ihre Wiedervorlage dennoch übersichtlich zu gestalten, erstellen Sie folgende zwei Unterordner:

1. Ordner „aktueller Monat": Legen Sie in diesem Ordner 31 Unterordner für jeden Tag des Monats an. Um eine chronologische Sortierung zu erreichen, benennen Sie diese Ordner mit 01, 02, 03, ... 31.
2. Ordner „Monate": In diesen Ordern fügen Sie 12 weitere Ordner an, für jeden Monat einen. Setzen Sie vor den Monatsnamen eine Nummer (01_Januar, 02_Februar, etc.), so dass auch diese Ordner chronologisch sortiert werden.

Wiedervorlage im Posteingang

Auch der Posteingang lässt sich unmittelbar für die Wiedervorlage nutzen. Sie können alle offenen E-Mails hierbei zur Wiedervorlage kennzeichnen und mit einem Erinnerungsdatum versehen (in Outlook: Kennzeichnen, in Lotus Notes: Nachfassen). Sie werden dann zum festgelegten Zeitpunkt über einen Dialog oder Assistenten an die E-Mail erinnert.

Vor- und Nachteile dieses Vorgehens

- Im Posteingang können Sie nur Nachrichten auf Wiedervorlage legen, die Sie erhalten. Um eigene Elemente zu integrieren, müssten Sie sich diese selbst erst als Nachricht zuschicken, was sehr umständlich ist.
- Bei einigen E-Mail-Programmen werden Sie nur an E-Mails erinnert, die Sie direkt im Posteingang abgelegt haben. Sie dürfen sich nicht in einem Unterordner befinden. So werden Sie nicht an E-Mails erinnert, die Sie zur Strukturierung in einem Unterordner oder in einem persönlichen Ordner abgelegt haben. In Outlook und Lotus Notes lässt sich das über Suchordner ➔ oder Ansichten lösen ➔.

Wiedervorlage im elektronischen Kalender

Sie können Ihre Wiedervorlage auch über den elektronischen Kalender gestalten. Tragen Sie in Ihren Kalender einen Termin ein, an dem Sie die E-Mails wiedervorlegen und bearbeiten möchten. Programme wie Outlook und Lotus Notes bieten hierbei die Möglichkeit, E-Mails direkt in den Termin einzufügen, so dass sie von dort geöffnet und bearbeitet werden können.

Vor- und Nachteile dieses Vorgehens

- Möchten Sie schon zu einem früheren Zeitpunkt auf die E-Mail zugreifen (z.B. bei Zwischenfragen), so ist es meist problematisch, die E-Mail schnell wieder aufzufinden – es sei denn, Sie erinnern sich genau daran, auf welchen Tag Sie die E-Mail gelegt haben.
- Im elektronischen Kalender können Sie den genauen Erinnerungszeitpunkt nur als Abstand zum Termin eingeben. Dies ist erheblich aufwändiger als das Einstellen einer konkreten Uhrzeit.

Überlegen Sie sich bitte nun, welche Ziele Sie mit Ihrer E-Mail-Ablage verfolgen.
„Mit meiner Ablage möchte ich folgende Ziele erreichen: …"
Notieren Sie Ihre Ziele bitte konkret auf einem Blatt Papier.

Unsere Erfahrung zeigt: Die meisten E-Mail-Benutzer verfolgen eines oder mehrere der folgenden vier Ziele:

1. Wiederfinden:

Abgelegte E-Mails und Informationen werden in der E-Mail-Ablage wiedergefunden. Dabei lässt sich folgende Unterscheidung treffen:
a) Ich finde E-Mails und Informationen wieder.
b) Meine Kollegen finden „meine" E-Mails und Informationen in der Ablage wieder.

2. Absicherung:

Ich lege E-Mails und Informationen ab, um mich abzusichern. Damit kann ich bei Unklarheiten und Unstimmigkeiten mit der E-Mail genau belegen, welche Vereinbarungen getroffen wurden.

3. Vertretbarkeit:

Ich stelle sicher, dass ich vertretbar bin, d.h., meine Vertreter können bei meiner Abwesenheit auf meine E-Mails und Informationen zugreifen, um mich entsprechend zu vertreten.

4. Platz für Neues schaffen:

Ich lege ab, um ausreichend Platz für neue E-Mails zu haben.

Was ist Ablage?

Die Ablage beinhaltet
- die Entwicklung der Ablagestruktur (Ordnerstruktur, Datei benennen),
- den Umbau der alten Ablagestruktur in die neue Ablagesystematik,

- das konkrete Ablegen von E-Mails bzw. deren Informationen und
- die geplante Weiterentwicklung der Ablagesystematik.

Es genügt nicht, eine auf den persönlichen Aufgabenbereich zugeschnittene Ablagesystematik zu entwickeln und aufzubauen, sondern Sie müssen Ihre E-Mails und Informationen auch regelmäßig darin ablegen und die Ablage geplant verändern und anpassen.

Teile einer Ablage

1. Sie benötigen ein gut durchdachtes, auf Ihren Arbeitsbereich zugeschnittenes Ablagesystem.
2. Die alte Ablage muss auf das neue System angepasst werden.
3. Sie müssen sich an Ihr Ablagesystem halten und Ihre E-Mails konsequent und regelmäßig ablegen.
4. Die Ablagesystematik muss geplant verändert und die Zuordnungsmerkmale der einzelnen Ordnungskategorien müssen angepasst werden.

Dabei gibt es zwei verschiedene Methoden:

1. Nur Erledigtes in die Ablage

Bei dieser Methode legen Sie E-Mails bzw. Informationen aus E-Mails erst dann in Ihrer Ablage ab, wenn die E-Mail vollständig bearbeitet und damit erledigt ist. Das dahinter stehende Prinzip lautet auch hier: „Nichts Unerledigtes in die Ablage!" Vorteil ist wiederum, dass Sie auf diese Weise nicht übersehen können, dass eine E-Mail noch offen ist.

2. „Alle" E-Mails und Informationen in die Ablage

Bei dieser Methode legen Sie alle E-Mails und Informationen in der Ablage sofort dort ab, wo sie hingehören. Über Ihre Wiedervorlage stellen Sie sicher, dass keine offene E-Mail in Vergessenheit gerät.

Die Bedeutung von Zwischenablagen für das Wiederfinden

Viele Nutzer verwenden in Ihrer Ablagesystematik verschiedenste Zwischenablagen. In diese gelangen E-Mails, die noch nicht der tatsächlichen Ablage zugeordnet wurden. Welche Zwischenablagen für E-Mails verwenden Sie? Notieren Sie auf einem Blatt Papier.

Wie viele Zwischenablagen verträgt ein Arbeitsablauf?

Im Arbeitsalltag sind Zwischenablagen weit verbreitet, z.B.:

- ◆ Noch Unbearbeitetes: Nach dem Posteingang vorsortiert, aber noch nicht in Bearbeitung.
- ◆ In Bearbeitung: Ist in Bearbeitung, wartet aber auf weitere Information bzw. Entscheidung.
- ◆ Noch Abzulegendes: Sammlung erledigter Arbeiten, die noch abzulegen sind.
- ◆ Lesen: E-Mails und Informationen, die Sie unbedingt lesen sollen/wollen, aber dafür momentan keine Zeit aufbringen können/wollen.
- ◆ Antwort offen: E-Mails, bei denen Sie von Ihrem E-Mail-Partner eine Antwort erwarten.

Die Gründe für diese Zwischenablagen scheinen offensichtlich:

- ◆ Die E-Mails müssen noch bearbeitet werden. In der Ablage geraten sie zu schnell in Vergessenheit.
- ◆ Ablage ist zeitaufwändig und soll zu einem anderen Zeitpunkt erledigt werden.
- ◆ Den Überblick über offene E-Mails behalten.

Das Führen solcher Zwischenablagen scheint auf den ersten Blick einleuchtend, praktisch und für den Arbeitsalltag hilfreich zu sein. Dennoch bergen sie einen entscheidenden Nachteil: Je mehr Zwischenablagen Sie führen, desto größer ist Ihr Suchaufwand im Einzelfall. Im ungünstigsten Fall müssten Sie alle Zwischenablagen überprüfen.

> Vermeiden Sie deshalb Zwischenablagen. Eine Zwischenablage ist Ihrer Wiedervorlage sehr ähnlich. Legen Sie zu bearbeitende E-Mails daher in Ihre Wiedervorlage bzw. in Ihre Ablage und vermerken Sie dies in Ihrer To-do-Liste, anstatt eine weitere Zwischenablage aufzubauen.

Falls Sie dennoch mit Zwischenablagen arbeiten möchten, so prüfen Sie sehr genau, welche Vorteile aus dieser Zwischenablage für Ihren Arbeitsablauf resultieren und ob diese die Nachteile aufwiegen.

Wann sollten Zwischenablagen aufgelöst werden?

Auf einen weiteren Nachteil von Zwischenablagen deutet bereits die Bezeichnung hin: ZWISCHEN-Ablage. Alle E-Mails, die Sie hier aufbewahren, sind lediglich zwischengelagert und müssen erneut bearbeitet werden. Die E-Mails müssen von Ihnen erneut durchgelesen werden, damit Sie anschließend entscheiden können, wo sie in Ihrer Ablage abgelegt werden (vgl. Prinzip „Unnötiges Lesen vermeiden").
Stellen Sie fest, dass sich E-Mails in einer Zwischenablage ansammeln und dort lange Zeit verweilen, ohne dass Sie von Ihnen wieder gelesen und bearbeitet werden, sollten Sie die Zwischenablage auflösen.

Beispiel
Sie führen eine Zwischenablage „Lesen", in der Sie alle Informationen und E-Mails aufbewahren, die Sie in einer ruhigen Minute lesen möchten. Haben Sie nach mehreren Wochen jedoch noch immer nicht die Zeit gefunden, diese E-Mails zu lesen, so sollten Sie diese Zwischenablage auflösen und die E-Mails löschen oder Ihrer eigentlichen Ablage zuführen.
In vielen Fällen bilden Zwischenablagen ein Sammelbecken für aufgeschobene E-Mails, die jedoch nur selten gelesen und bearbeitet werden. Sie vergeuden damit nur unnötigen Speicherplatz.

Ablagetechniken

Für diverse Informationsbestände sind verschiedene Ablagetechniken und Ablageorte nötig: So haben Sie evtl. zu einem Thema Dateien in verschiedenen Programmen gespeichert, zusätzlich Korrespondenz und Artikel. Soll die E-Mail-Ablage dabei in die Datei-Ablage mitaufgenommen werden oder soll für E-Mails eine eigene Ablage entwickelt werden?

Regeln für die Ablage:

- E-Mails sollen so abgelegt werden, dass sie später schnell und direkt wiedergefunden werden können.
- Achten Sie darauf, dass Ihre Papierablage und Ihre elektronische Ablage gleiche Strukturen aufweisen. Übernehmen Sie diese Strukturen ebenfalls für die Ablage innerhalb Ihrer Mailbox. Eine 1:1-Übertragung ist zwar nicht immer sinnvoll, grundsätzlich sollte die Ablagestruktur jedoch ähnlich sein, um einen schnellen Zugriff auf Ihre Informationen zu gewährleisten. Auf diese Weise müssen Sie sich nicht in verschiedene Ablagesystematiken eindenken.
- Setzen Sie für alle Ablagesysteme gemeinsame Schlagwörter, Querverweise und vergleichbare Nummerierungen ein.
- Erstellen Sie einen konsistenten Ablageplan, der sowohl die Ablage in Datei-Form, die E-Mail-Ablage und die Schriftgutablage umfasst. Der Plan kann hierarchisch strukturiert sein.

Um die passende Ablagestruktur entwickeln zu können, sollten Sie die drei verschiedenen Ablagetechniken kennen lernen:
- 1. Hierarchische Ablage
- 2. Attribute
- 3. Verweise

Sie sind auf den folgenden Magazinseiten dargestellt.

Grundlegende Ablagetechniken

1. Hierarchische Ablage

Sie ist am häufigsten verbreitet. Die Ablagestruktur besteht aus mehreren Hierarchieebenen, innerhalb derer Ordnungskategorien die Zuordnung einzelner Dateien ermöglichen. Grundlegendes Prinzip ist: *„Alles, was zum selben Thema gehört, kommt in denselben Ordner."*

Vorteile:
- Saubere Gliederung.
- Sehr guter Kontextbezug.

Nachteile:
- Zuordnungsproblem: Viele E-Mails passen inhaltlich zu mehreren Ordnungskategorien.
- Aufwändige Suche, wenn keine Vorschau auf tiefere Ebene.
- Bei falscher Entscheidung: kein Suchtreffer.

Die Darstellung erfolgt meist als Baumdiagramm:

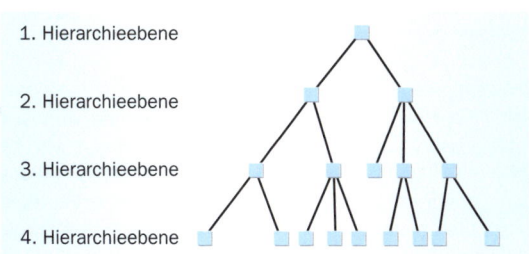

1. Hierarchieebene
2. Hierarchieebene
3. Hierarchieebene
4. Hierarchieebene

■ Ordnungskriterium

Sollen Ordnungssysteme funktionieren, darf es keine "Sammelsurium-Ablagen" geben, auch nicht in Unterordnern. Jedes Dokument, jede E-Mail muss eindeutig zu einem Ordnungskriterium gehören. Vermeiden Sie daher unbedingt Ordner wie "Diverses" oder "Sonstiges".

Allgemeine Regeln für die hierarchische Ablage

- Unterschiedliche Ablagesysteme sollten gleich oder möglichst ähnlich aufgebaut sein (Papier, Dateisystem, E-Mail-Programm),
- idealerweise nicht mehr als vier Ebenen,
- Daten immer auf der untersten Ebene ablegen,
- neue Ordner überlegt anlegen und nicht spontan,
- Benennungen standardisieren.

2. Ablage duch Zuweisung von Attributen

Dabei wird jede E-Mail (und jede Datei) mit einem oder mehreren Attributen versehen. Verwendete Attribute sollten eindeutig sein, so dass bei der Zuordnung oder bei der Suche einer E-Mail wenig Zweifel darüber aufkommen können, wo sie abzulegen oder zu suchen ist.

Die Attribute, die einer E-Mail zugewiesen werden können, lassen sich danach unterscheiden, ob sie bereits automatisch vorhanden sind (z.B. Absender, Empfänger, Empfangsdatum) oder ob sie der E-Mail manuell hinzugefügt werden muss (Schlagworte wie: Status, Kundennummer, Projektname etc.).

Anwendungsbeispiel: In einer nach Projekten aufgebauten Ablage suchen Sie eine E-Mail, die nach Kundennummer geordnet ist. Sie lassen sich über die Schlagwortsuche alle E-Mails anzeigen, denen Sie als Attribut diese Kundennummer zugeordnet haben. Über die Vergabe von Attributen bauen Sie quasi eine (indirekte) Parallelstruktur auf.

Vorteile:
- Schnelle Suche bei richtigen Attributen/Schlagwörtern.

Nachteile:
- Kein Kontext.
- Nicht jede Software bietet diese Feature.
- Attribute und Schlagworte müssen im Voraus überlegt werden.
- Das Zuweisen der Attribute muss konsequent durchgehalten werden.

Grafische Darstellung:

■ Attribut/Schlagwort

Allgemeine Regeln beim Zuweisen von Attributen

- ◆ Verwenden Sie keine Abkürzungen.
- ◆ Verwenden Sie keine zusammengesetzten Wörter.
- ◆ Verwenden Sie Hauptwörter, keine Verben oder Adjektive.
- ◆ Benennen Sie dasselbe stets mit demselben Namen, anstatt mehrere gleichbedeutende Bezeichnungen zu verwenden (zum Beispiel Seminar, Schulung, Workshop etc.).
- ◆ Verwenden Sie nicht zu viele Attribute.

3. Ablage mit Hilfe von Verweisen

Bei der hierarchischen Ablage entstehen oft Zuordnungsprobleme: Eine E-Mail passt inhaltlich zu mehreren Ablageorten, kann aber – ohne Kopie – nur einem Ablageort zugeführt werden. Dieses Problem kann mit Hilfe der dritten Ablagetechnik gelöst werden: Verweise.
Die E-Mail wird dabei zu einem Ablageort zugeordnet. Ist sie inhaltlich nun aber auch an anderen Ablageorten relevant, so kann mittels Verweisen auch von anderen Ablageorten aus auf die Originaldatei zugegriffen werden. Dabei wird die Originaldatei nicht kopiert, sondern lediglich auf sie verwiesen (Prinzip „Einmaligkeit").

Vorteile:
- Kontext kann erschlossen werden.

Nachteile:
- Keine Systematik.
- Bei Veränderungen der Hierarchie: Verweis stimmt nicht mehr.
- Volltextsuche: Wird eine E-Mail über eine Volltextsuche gesucht, so wird je nach System (z.B. Outlook) eine verknüpfte E-Mail nicht in die Suche miteinbezogen. In Lotus Notes hingegen werden bei einer Volltextsuche auch verknüpfte E-Mails in die Suche integriert.

Grafische Darstellung:

■ Originaldatei
■ Verweis auf Originaldatei

Ablage aufbauen

Wir schlagen Ihnen vor, den Aufbau einer Ablage in den im folgenden dargestellten drei Schritten zu vollziehen.

1. Schritt: Ordnungskategorien für die Ablageordner festlegen

Eine Ordnungskategorie ist ein Oberbegriff für verschiedene Zuordnungsmerkmale und stellt das Unterscheidungsmerkmal, nach dem einzelne E-Mails den Ablageordnern zugeordnet werden. Ziel bei der Auswahl von Ordnungskategorien ist, eine eindeutige Zuordnung zu erreichen . Notwendiges Kriterium ist daher das Merkmal „Eindeutigkeit". Idealerweise gehören alle Zuordnungsmerkmale einer Hierarchieebene zu einer Ordnungskategorie.

Um die für Sie passenden Ordnungskategorien zu entwickeln, schauen Sie sich die bisherigen Ordnerbezeichnungen in Ihrer E Mail-Ablage an. Notieren Sie die momentanen Ordnerbezeichnungen auf einem Blatt Papier! Überlegen Sie ausgehend von diesen Ordnerbezeichnungen: Welche Ordnungskategorien, also welche Oberbegriffe können Sie diesen Benennungen zuordnen? Bitte notieren Sie!

Achten Sie darauf, dass Sie diese Oberbegriffe möglichst allgemein formulieren. Möglich wäre zum Beispiel die Ordnungskategorie „Gegenstände". Unter diesen Überbegriff fallen nun Unterordner für alle Gegenstände, mit denen Sie zu tun haben (z.B. Produkte, Gebäude, Telefon etc.).

Welche Kategorien sich für Ihre Ordnerstruktur eignen, ist natürlich in hohem Maße von den Inhalten der E-Mails abhängig, die geordnet werden sollen. Beachten Sie dabei:

◆ Unterscheiden Sie, ob eine Information bereits automatisch aus der E-Mail ersichtlich wird (z.B. Absender, Empfänger, Empfangs- oder Versanddatum) oder ob eine manuelle Zuordnung der E-Mail notwendig ist (z.B. Projekt A, Kunde B).

> Wählen Sie für Hierarchie und für Attribute Informationen aus, die der E-Mail nicht automatisch beigefügt sind.

Ungeeignet sind also Absender, Empfänger, Empfangs- und Versanddatum etc. Verwenden Sie also keine Kategorien, die sich sowieso über Ansichten, Suchordner oder abgespeicherte Suchen anzeigen lassen.

◆ Achten Sie bei der Auswahl von Ordnungskategorien für die Hierarchie darauf, dass eine E-Mail, die dort abgelegt werden soll, auch während ihres kompletten Bearbeitungsprozesses in diesem Ordner verbleiben kann.

> E-Mails sollten während des Bearbeitungsprozesses ihre Position innerhalb der Hierarchie nicht verändern.

Legen Sie z.B. nicht den „Status" einer E-Mail mit dem Unterordner „Offen", „In Bearbeitung" und „Erledigt" als Ordnungskategorie für die Hierarchie, sondern z.B. als Schlagwort (Attribut) fest. Nach diesem Zuordnungskriterium müsste die E-Mail während ihres Bearbeitungsprozesses drei Mal innerhalb der Ablagestruktur verschoben werden. Dies erschwert die Suche nach einer E-Mail nur unnötig.

2. Schritt: Benennung/Suchbegriff für die Ordnerstruktur festlegen

Überprüfen Sie bei der Benennung Ihrer Zuordnungsmerkmale, ob Sie bereits in Ihrer E-Mail-Ablage verwendete Namen übernehmen oder ob Sie eine neue Bezeichnung festlegen. Achten Sie darauf, dass die Bezeichnungen sich nicht überschneiden. In vielen Fällen gibt es mehrere Begriffe für dasselbe Zuordnungsmerkmal. Wenn verschiedene Begriffe dasselbe bezeichnen, darf nur einer der Begriffe verwendet werden. Entscheiden Sie sich für einen Begriff, damit sowohl das Ablegen als auch das Suchen nach einer E-Mail eindeutig ist.
Notieren Sie nun Ihre Bezeichnungen für Ihre Zuordnungsmerkmale wiederum auf einem Blatt Papier.

Hinweise zur Benennung der Ordnungskategorien

1. Beachten Sie, ob unterschiedliche Begriffe wirklich unterschieden werden müssen oder ob sie das Gleiche meinen.

   Beispiel: *Kopiergerät* passt unter *Kopierer* (ein Begriff reicht). Ist die Kategorie *Auto* schon vorhanden, lässt sich *Kfz* darunter fassen, während man *Fahrzeug* prüfen muss.

   Allgemein: Prüfen Sie bei ähnlichen Begriffen, ob das Gleiche gemeint ist. Wenn ja, entscheiden Sie sich für den Begriff, der das Gemeinte am besten trifft. Wenn nein, verwenden Sie zwei Begriffe. Diese sollten klar abgegrenzt sein. Vorsicht: Unter Umständen ist ein Begriff (z.B. Fahrzeug) ein Oberbegriff für den anderen.

2. Werden Wörter unterschiedlich geschrieben, verwendet man den aktuellsten Begriff. Verzichten kann man auf die Unterscheidung Singular oder Plural sowie auf Abkürzungen.

   Beispiel: *Foto* reicht, man braucht nicht *Fotos* (Plural), *Photo* (Schreibweise) und *Photographie* (Langform, alte Schreibweise).

3. Sind Begriffe Zusammenfassungen von anderen Begriffen, muss nach Art und Umfang ihrer Anwendung entschieden werden.

   Beispiele: *Mobiltelefon* ist ein Aspekt von *Telefon*. *Telefonkabel* und *Telefonhörer* sind Einzelteile des Ganzen. *IT-Geräte* ist Oberbegriff für *Drucker* und *Beamer*.

   Prüfen Sie, wie differenziert Sie vorgehen sollten/wollen:
   – Welcher ist der passende Begriff in Ihrem Arbeitskontext?
   – Benötigen Sie überhaupt einen Oberbegriff?
   – Sind die Oberbegriffe klar abgegrenzt?

4. Begriffe sind identisch, meinen aber Unterschiedliches.

   Beispiel: Ist mit *Drucker* die *Druckerei* oder das *IT-Gerät* zum Drucken gemeint?

   Prüfen Sie: Welche Begriffe machen diesen Unterschied deutlich?

3. Schritt: Hierarchie der Ordnungskategorien für die Ordnerstruktur festlegen

Aus der Vielzahl an Ordnungskategorien, die Sie für Ihre Ablageordner festgelegt und benannt haben, müssen Sie nun Ihre Ordnerstruktur entwickeln. Achten Sie hierbei darauf, dass Sie keine Parallelstrukturen festlegen.

Beispiel – Sie haben folgende zwei Zuordnungskategorien:

◆ Produkte: Produkt A, Produkt B …
◆ Kunden: Gruber, Müller, Hasel …

Daraus lassen sich zwei gleichwertige Ordnerstrukturen aufbauen, nämlich die nach Produkten oder die nach Kunden. Es macht keinen Sinn, beide als Parallelstruktur zu realisieren.

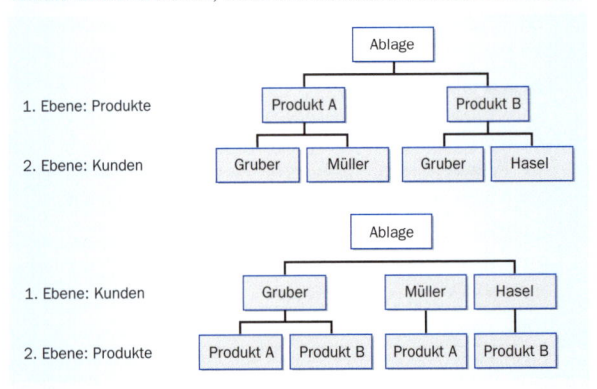

```
                        Ablage
                       /      \
1. Ebene: Produkte  Produkt A  Produkt B
                    /     \    /      \
2. Ebene: Kunden  Gruber Müller Gruber Hasel

                        Ablage
                       /   |   \
1. Ebene: Kunden    Gruber Müller Hasel
                    /  \   / \    / \
2. Ebene: Produkte Produkt A Produkt B Produkt A Produkt B
```

Verfolgen sie als Ziel, Ihre E-Mail-Ablagestruktur so aufzubauen, dass es keine E-Mails gibt, die nicht zumindest in die erste Ebene Ihrer Zuordnungskategorien passen.

Anzahl und Sortierung

◆ Je mehr Kategorien Sie verwenden, desto tiefer wird Ihre Struktur. Entscheiden Sie sich für möglichst wenige Ordnungskategorien.

◆ Zu viele Zuordnungsmerkmale machen das System unübersichtlich. Verwenden Sie nur unbedingt notwendige und ordnen Sie diese alphanumerisch.

Zuordnung durch Dritte
◆ Je mehr Vorkenntnisse notwendig sind, desto größer sind Unterschiede bei der Ablage und damit Probleme bei der Suche.
◆ Je klarer die Abgrenzungen zwischen zwei Zuordnungsmerkmalen sind und je weniger Überschneidungen entstehen, desto sicherer wird eine E-Mail von allen Beteiligten einheitlich zugeordnet, abgelegt und wieder aufgefunden.

Ausbauen der Struktur
Anlegen neuer Ordner

Bekommen Sie eine E-Mail, die Sie nicht in Ihre bisherige Ablage integrieren können, sollten Sie nicht spontan einen neuen Ordner anlegen. Haben Sie z.B. Ihre Ordnerstruktur nach der Ordnungskategorie Produkte ausgerichtet und bekommen nun eine E-Mail zu einem Produkt C, so legen Sie nicht spontan einen neuen Ordner hierfür an. Klären Sie erst die Frage: „Sind Sie für das Produkt C zuständig?" Bedenken Sie: E-Mails, die nicht in Ihre Struktur passen und die nicht sinnvoll abgelegt werden können, sollten Sie nicht in Ihre Ablage-Struktur miteinbinden. Damit wird Ihre Ablage nur unnötigerweise aufgebläht. Wenn Sie nicht zuständig sind, dann leiten Sie die E-Mail an den Zuständigen weiter und löschen Sie die E-Mail anschließend aus Ihrem Posteingang.

Sind Sie zuständig, wissen aber nicht, ob Sie die Informationen aus der E-Mail wirklich benötigen, so bewahren Sie die E-Mail im Quartalspapierkorb auf. Resultiert hingegen aus der E-Mail ein neues Aufgabenfeld, für das Sie zuständig sind, so prüfen Sie, ob es bereits einen Ordner gibt, und legen Sie die E-Mail dort ab. Wenn nicht, legen Sie einen neuen Ordner an, prüfen aber bei der Bezeichnung, ob es in der Firma hierfür einen Standardnamen gibt, und benennen Sie den neuen Ordner mit diesem Namen.

Umgang mit eingehenden E-Mails

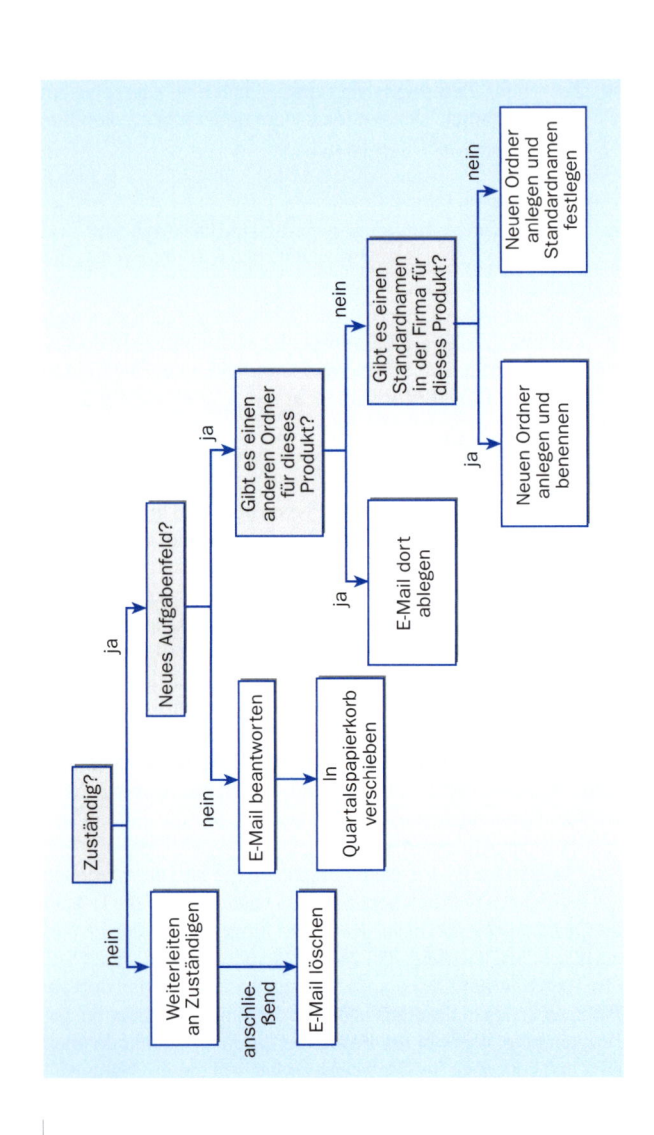

Zuständig?

- **nein** → Weiterleiten an Zuständigen → anschließend → E-Mail löschen
- **ja** → Neues Aufgabenfeld?
  - **nein** → E-Mail beantworten → In Quartalspapierkorb verschieben
  - **ja** → Gibt es einen anderen Ordner für dieses Produkt?
    - **ja** → E-Mail dort ablegen
    - **nein** → Gibt es einen Standardnamen in der Firma für dieses Produkt?
      - **ja** → Neuen Ordner anlegen und benennen
      - **nein** → Neuen Ordner anlegen und Standardnamen festlegen

Unübersichtlichkeit der Zuordnungsmerkmale

Es kommt immer wieder vor, dass die Anzahl der Zuordnungsmerkmale unübersichtlich wird. Um die Anzahl zu reduzieren, werden häufig Unterstrukturierungen vorgenommen. Diese Unterordnungen können zum Problem werden, wenn:
◆ Oberbegriffe gewählt werden, die sich überschneiden.
◆ Die Oberbegriffe große Sachkenntnisse voraussetzen, um zu entscheiden, ob sich das Gesuchte unter dem einen oder unter dem anderen Begriff verbirgt.
◆ Die Anzahl der Hierarchieebenen dadurch erheblich ansteigt (mehr als fünf bis sieben Ebenen).

Weitere Ordnungskategorien: Attribute

Informationen, die Sie nun nicht über die Ordnerstruktur abgebildet haben (z.B. Status der E-Mail, Aktivitäten), sollten Sie über Attribute darstellen. Weisen Sie der E-Mail das passende Attribut zu. Suchen Sie nach einer E-Mail, so können Sie sich diese mit Hilfe der zugewiesenen Attribute anzeigen lassen.

Suchen und Wiederfinden

Eines der wichtigsten Ziele der Ablage ist das Wiederfinden von Informationen. Haben Sie Schwierigkeiten beim Wiederfinden von E-Mails, bzw. verbringen Sie zu viel Zeit mit der Suche, dann ist dies ein Hinweis für Sie, Ihre Ablagestruktur weiter zu optimieren. Die Suche lässt sich prinzipiell danach differenzieren, ob Sie wissen, dass die gesuchten Informationen auch tatsächlich in Ihrer Ablage integriert sind oder nicht.

Suchfunktion

Viele E-Mail-Programme verfügen über zwei Suchfunktionen:
◆ Suchen: Die „Suchen"-Funktion ermöglicht eine schnelle und einfache Suche im aktuellen Ordner, nach standardisierten Vorgaben.

Mit der Funktion „Suchen" erreichen Sie auf diesem Weg eine Filterung der E-Mails im aktuellen Ordner. Dabei können Sie die Suche in allen Komponenten auf den gesamten Text ausweiten, sind aber bezüglich weiterer Felder an die Vorgaben der Suchfunktion gebunden. Wenn Sie weitere Suchmöglichkeiten benötigen, müssen Sie eine erweiterte Suche nutzen:

◆ Erweiterte Suche: Die Funktion der erweiterten Suche ermöglicht Ihnen eine komponentenübergreifende Suche in Unterordnern nach allen möglichen Einträgen in allen vorhandenen Feldern.

Die erweiterte Suche bietet Ihnen die Möglichkeit, Ihre Suche weiter zu differenzieren und die Suche nach eigenen Suchvorgaben zu gestalten. Prüfen Sie in Ihrer Software, welche Einstellungen Sie für Ihre erweiterte Suche vornehmen können ⇥.
Viele E-Mail-Programme ermöglichen in ihrer erweiterten Suche folgende Einstellungen:

◆ Suche nach verschiedenen Elementen (E-Mail, Aufgaben, Termine etc.).
◆ Suche in bestimmten Textfeldern (Betreffzeile, Nachrichtentext etc.).
◆ Suche nach einem bestimmten Absender oder Empfänger.
◆ Suche nach einer bestimmten Zeitangabe (z.B. erstellt, gesendet, erhalten).
◆ Suche nach bestimmten Kategorien oder Zusatzeinstellungen (Wichtigkeit).
◆ Suche nach gelesen bzw. ungelesenen E-Mails.

Zusätzlich können bei vielen E-Mail-Programmen individuelle Suchkriterien festgelegt werden ⇥.

Beispiel:
Suchen nach E-Mails, in denen ein bestimmter Name vorkommt, z.B. um alle E-Mails zu finden, die mit einem bestimmten Kunden zu tun haben. Über die erweiterte Suche können Sie entsprechende Suchkriterien festlegen. Legen Sie fest,
◆ dass Sie nur nach E-Mails suchen.
◆ dass Sie alle E-Mails in Ihrem gesamten Postfach durchsuchen wollen.
◆ dass auch Unterordner durchsucht werden sollen.

- nach welchem Suchbegriff Sie suchen: Geben Sie den Namen Ihres Kunden ein.
- in welchen Feldern innerhalb der E-Mails gesucht werden soll. Um eine umfassende Suche zu starten, wählen Sie z.B. „häufig verwendete Textfelder".

Speichern einer Suche und Suchordner

Bestimmte Suchläufe werden Sie immer wieder benötigen. Sei es nun die Suche nach allen E-Mails, die Sie mit einem bestimmten Kunden geführt haben, oder die Suche nach allen Elementen, die größer sind als 1 MB, um Speicherplatz in Ihrem überfüllten Postfach zu gewinnen. Bei immer wiederkehrenden Suchläufen müssen Sie nicht die Kriterien jedes Mal erneut zusammenstellen, sondern hierfür bieten einige E-Mail-Programme Funktionen an, die Ihnen das erleichtern:

1. Speichern von Suchläufen

Suchläufe der erweiterten Suche können gespeichert werden. Vergeben Sie hierzu einen Namen für die Suche und speichern Sie diese ab.

2. Suchordner

Suchordner sind Ordner, die ständig das Ergebnis einer Suche anzeigen. Das heißt, in diesen Ordnern werden Nachrichten angezeigt, die tatsächlich in einem anderen Ordner liegen. Das Löschen eines Suchordners löscht damit zwar die Suche, nicht aber die Inhalte des Ordners.

> **ACHTUNG:** Das Löschen der Inhalte (Nachrichten) aus dem Suchordner, löscht diese jedoch aus dem Ordner, in dem sie wirklich liegen.

Suchordner werden also nicht zum Speichern, sondern nur zur Anzeige von Nachrichten verwendet, nach den entsprechenden Suchkriterien. Die Suchordner zeigen Ergebnisse zuvor definierter Suchabfragen an – die angezeigten E-Mail-Nachrichten bleiben jedoch in ihren ursprünglichen Ordnern gespeichert.

Vorteile gegenüber einer Suche:
- Sie müssen nicht warten, bis die Suche abgeschlossen ist, da diese im Hintergrund läuft und das Aufrufen eines Suchordners sofort das Ergebnis anzeigt.
- Sie können sie wie in jedem anderen Ordner aufrufen und müssen nicht erst den Suchdialog öffnen und dann die Suche eingeben oder eine gespeicherte Suche öffnen.

Wenn Sie einen Suchordner erstellen, stehen Ihnen eine Reihe vordefinierter Optionen zur Verfügung: z.B. „Nachrichten mit großen Anlagen" oder „Nachrichten von bestimmten Personen". Sie können darüber hinaus auch benutzerdefinierte Suchordner erstellen, indem Sie bestimmte Suchkriterien definieren, die die E-Mail erfüllen muss, um im Suchordner angezeigt zu werden. Bei jedem Suchordner handelt es sich um eine gespeicherte Suche, die auf dem aktuellen Stand gehalten wird, indem sämtliche Ordner im Hinblick auf Elemente überwacht werden, die den Suchkriterien des Suchordners entsprechen.

Archivierung

Wenn Sie einen Vorgang abgeschlossen haben, stehen Sie vor der Entscheidung, die Daten und Informationen dieses Vorgangs aufzuheben oder zu löschen. Viele E-Mail-Benutzer tendieren dazu, alles aufzuheben, um später eben alles wiederfinden zu können. Im Normalfall ist dies ein Trugschluss: Je mehr und je länger sie aufbewahren, umso schlechter wird die Trefferquote beim Suchen. Reduzieren und löschen Sie deshalb. Je weniger übrig bleibt, desto leichter finden Sie etwas wieder.

ACHTUNG: Idealerweise gibt es in Ihrem Unternehmen ein Organisationshandbuch, das Aufbewahrungsfristen festlegt. Diese sollten sowohl gesetzliche Fristen als auch firmeninterne Fristen berücksichtigen.

So können Sie nach dem Abschließen eines Vorgangs alle Dateien und Informationen löschen, die nicht aufbewahrt werden müssen, und den Rest in ein Archiv verlagern.

Das Ziel der Archivierung ist es, Archivdaten zu einem späteren Zeitpunkt einfach zur Verfügung zu haben. Ein einfacher Zugriff auf Ihre Archive sollte gewährleistet sein. Um sich in Ihren Archivdateien zurechtzufinden, bietet es sich an, Jahresarchive (z.B. 2003-Archiv, 2004-Archiv etc.) zu erstellen. In diesen Jahresarchiven bewahren Sie alle Dateien und Informationen auf, die Sie von dem entsprechenden Jahr archivieren möchten. Um den Speicherplatz in Ihrem Postfach zu reduzieren, werden Archive häufig aus dem Postfach in das Dateisystem verlagert.

Archivieren vorbereiten

Die Funktion des Archivierens bedarf einiger Vorbereitungen – sonst erleben Sie nach einiger Zeit böse Überraschungen. Die Archivierung kann automatisch ⮕ oder auch manuell ⮕ durchgeführt werden. Wenn Sie die automatische Archivierung einsetzen, sollten Sie unbedingt darauf achten, wo die Archiv-Dateien gespeichert werden.

Je nach Unternehmensstandards werden bestimmte Ablageorte gesichert und stehen auch nach einem Defekt oder Austausch des entsprechenden Rechners wieder zur Verfügung, andere hingegen nicht. In den meisten Firmen werden Daten auf Servern gesichert, Daten auf den lokalen Arbeitsplatzrechnern jedoch nicht. Speichern Sie also Ihre Archiv-Dateien lokal auf Ihrem Rechner, so sind diese nach einem Defekt der lokalen Festplatte unwiederbringlich verloren.

> Speichern Sie Ihre Archiv-Dateien deshalb immer auf dem Server ab. Dabei bietet sich beispielsweise das Abteilungslaufwerk oder ein persönliches Laufwerk an.

Der Weg ins Archiv und zurück ins E-Mail-Programm

Probieren Sie den gesamten Weg der Auslagerung alter E-Mails ins Archiv und das Wiederzugreifen aus. Damit stellen Sie sicher, dass Sie auch tatsächlich schnell wieder auf archivierte E-Mails zugreifen können, wenn Sie diese benötigen.

Schrittfolge:
1. Wählen Sie den Speicherort für Ihr Archiv aus: Dateisystem, CD etc.
2. Wählen Sie das Format, in dem die Archiv-Dateien gespeichert werden (Outlook verwendet beispielsweise standardmäßig das pst-Format).
3. Lagern Sie alte E-Mails aus.
4. Versuchen Sie, ausgehend vom Speicherort Ihrer Archiv-Dateien, wieder auf eine archivierte E-Mail zuzugreifen.

Beispiele:
1. Outlook
Anhand der Outlook-Archivierung wird dargestellt, welche Probleme sich in Bezug auf die Archivierung von E-Mails ergeben können:
- In Outlook werden E-Mails in persönlichen Ordnern archiviert.
- Dabei lässt Outlook nur ein bestimmtes Archiv-Format zu: die pst-Datei.
- Wird das E-Mail-Archiv auf CD ausgelagert, so ist es dadurch automatisch schreibgeschützt. Wollen Sie es später wieder in Outlook einbinden, müssen Sie die Daten zunächst auf eine lokale Festplatte kopieren und dann den Schreibschutz entfernen. Erst dann lässt sich das Archiv wieder in Outlook einbinden. Hierzu muss das Archiv jedoch als Datendatei in Outlook eingebunden werden – ein Doppelklick im Datensystem reicht nicht aus.

Es geht auch einfacher:
2. Lotus Notes
- Die Archivdatei in Lotus Notes ist eine Notesdatenbank.
- Diese lässt sich – egal ob schreibgeschützt oder nicht – per Doppelklick öffnen.

Ablauf E-Mail-Bearbeitung

Für die Posteingangsroutine bedeutet dies: Der Ablaufplan zur E-Mail-Bearbeitung muss um das Archiv ergänzt werden. Abgeschlossene Vorgänge werden also ausgemistet: das bedeutet, Dateien und E-Mails, die nicht auf Grund von gesetzlichen und firmeninternen Vorschriften archiviert werden müssen, können gelöscht werden. Der Rest hingegen wird archiviert.

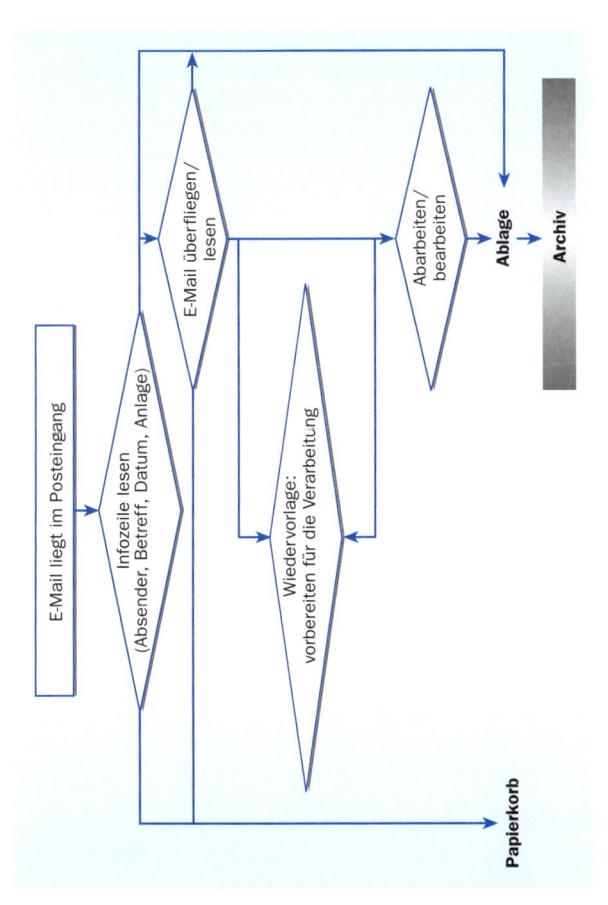

2.3 Vertretung

Wir knüpfen hier unmittelbar an Abschnitt 1.7 an. Dort ging es um die Person Ihres Vertreters, hier kümmern wir uns nun um den Prozess. Machen Sie sich frühzeitig Gedanken, wie Sie Ihre Vertretung geregelt haben möchten. Die Erfahrung zeigt, dass Sie meist kurz vor Ihrem Urlaub keine Zeit mehr haben, sich mit so grundsätzlichen Fragen zu beschäftigen. Zudem ergibt sich eine Abwesenheit nicht selten völlig überraschend (z.B. bei Krankheit). Informieren Sie sich unbedingt darüber, ob es in Ihrem Unternehmen oder in Ihrer Abteilung eine klare Richtlinie dazu gibt, wie im Vertretungsfall zu verfahren ist.

Übung

Stellen Sie sich vor, Sie kommen nach drei Wochen Urlaub wieder in Ihr Büro. Wie sollte während Ihrer Abwesenheit idealerweise mit Ihren E-Mails umgegangen worden sein? Welche Vorstellung und Wünsche haben Sie hierbei?

Nehmen Sie sich zehn Minuten Zeit und überlegen Sie:

- ◆ Was muss mit Ihren eingehenden E-Mails passiert sein, damit für Sie der größtmögliche Nutzen entsteht, wenn Sie aus dem Urlaub zurück sind?
- ◆ Wie wollen Sie also Ihr Postfach nach Ihrer Abwesenheit wieder vorfinden?

Notieren Sie Ihre Gedanken und Wünsche ausführlich auf einem Blatt Papier.

Vergleichen Sie Ihre Notizen mit dem Vorschlag für eine „ideale" Vertretung!

Die „ideale" Vertretung:
- ◆ Der Absender wird über Ihre Abwesenheit und über das, was mit seiner E-Mail passiert, informiert.
- ◆ Ihr Vertreter arbeitet möglichst viel ab.
- ◆ Sie werden über die Ergebnisse informiert.
- ◆ Ihre Vertretung ist sowohl für geplante als auch ungeplante Abwesenheit sinnvoll geregelt.

Was können Sie tun, um die „ideale" Vertretung zu erzielen, so dass Sie während Ihrer Abwesenheit adäquat vertreten werden? Um die für Sie passende Lösung zu finden, müssen Sie zunächst die Vertretungssituation definieren:

Um welche Art von Vertretungssituation handelt es sich?
◆ Geplant (z.B. Urlaub, Geschäftsreise)
◆ Ungeplant (z.B. Krankheit)

Welche Vorstellungen haben Sie hinsichtlich der Handhabung?
◆ Wollen Sie für alle Situationen einen einheitlichen Ablauf oder für jede Situation einen speziellen Ablauf?
◆ Welche Rechte soll Ihr Vertreter während Ihrer Abwesenheit haben? Hat er beispielsweise nur Leserechte oder darf er E-Mails auch löschen und verschieben?
◆ Wie soll Ihr Vertreter Sie über Entscheidungen und Ergebnisse nach Ihrer Rückkehr informieren?

Bedenken Sie:
Zur Vertretungsregelung gehören immer mindestens zwei Personen. Erarbeiten Sie mit Ihrem Vertreter eine Lösung, mit der beide umgehen können und die beiden die Arbeit erleichtert. Bedenken, der Vertreter habe keine Zeit, zusätzlich zu seinem Tagesgeschäft auch noch Ihren elektronischen Posteingang zu bearbeiten, erweisen sich in der Praxis meist als unbegründet. In der Regel ist Ihr Kollege gerne bereit, Ihre Vertretung zu übernehmen – weiß er doch, dass auch er während seines Urlaubs vertreten wird.

Möglichkeiten, um Abwesenheit zu organisieren

1. Der Absender wird über Ihre Abwesenheit und über das, was mit seiner E-Mail passiert, informiert.

Sie möchten, dass während Ihres Urlaubs die Absender von Nachrichten über Ihre Abwesenheit informiert werden. Hierfür bieten viele E-Mail-Programme die Möglichkeit, einen Abwesenheitsassistenten zu aktivieren ➔. Mit Hilfe dieser Funktion können Sie eine Nachricht formulieren, die jeder als Antwort erhält, der Ihnen eine Mail zusendet. Informieren Sie den Absender auf jeden Fall darüber, was mit seiner E-Mail passiert, d.h., ob sie erst nach Ihrer Rückkehr oder von Ihrem Vertreter bearbeitet wird. Nur so kann Ihr Mailpartner entscheiden, ob er sich mit seinem Anliegen eventuell an jemand anderen wenden muss.

Bitte beachten Sie: Viele Mail-Server sind so konfiguriert, dass externe Absender keine Abwesenheitsnotiz ⇥ erhalten. Hierfür müssen Sie eine andere Lösung finden: Teilen Sie z.B. wichtigen Kunden und Geschäftspartnern vorab mit, wann Sie im Urlaub sind.

2. Ihr Vertreter arbeitet möglichst viel ab.

Haben Sie einen Kollegen, der Sie während Ihrer Abwesenheit vertritt, können Sie diesem auf unterschiedliche Arten Zugang zu Ihren E-Mails gewähren:

Ihr Vertreter kann von seinem Arbeitsplatz/PC auf Ihr Postfach zugreifen.

Die praktischste Lösung besteht darin, dass Ihre Vertretung dauerhaft auf Ihren Posteingang bzw. Ihr Postfach zugreifen kann. Prüfen Sie, wie dies in Ihrer Software realisiert werden kann ⇥. Hierzu muss nicht nur der Vertretene (also Sie), sondern auch Ihr Vertreter zusätzliche Aktionen im E-Mail-Programm durchführen. So müssen Sie Ihrem Vertreter die notwendigen Zugriffsrechte (lesen, bearbeiten, erstellen oder löschen) einrichten ⇥ und Ihr Vertreter muss wissen, wie er diese Rechte nutzen kann ⇥.

Bedenken Sie bei der Vergabe der Zugriffsrechte, auf welche weiteren Ordner Ihr Vertreter während Ihrer Abwesenheit zugreifen muss, um alle notwendigen Informationen für eine angemessene Vertretung zur Verfügung zu haben. Vergeben Sie gegebenenfalls auch für diese Unterordner die notwendigen Rechte.

Ihre eingehenden E-Mails werden automatisch an Ihren Vertreter weitergeleitet.

Eine andere Lösung ist das Weiterleiten von E-Mails. Dies kann je nach Ihrer konkreten Arbeitssituation ebenfalls eine passende Methode für Sie darstellen. Technisch ist es kein Problem, während Ihres Urlaubs alle E-Mails direkt in den Posteingang Ihres Vertreters weiterzuleiten ➡. Viele E-Mail-Programme bieten die Möglichkeit, über das Hinzufügen von Bedingungen den Assistenten so einzustellen, dass nur bestimmte E-Mails weitergeleitet bzw. bestimmte E-Mails nicht weitergeleitet werden. Beispielsweise können private E-Mails von der Weiterleitungsregel ausgenommen werden. Damit werden nur Nachrichten weitergeleitet, die vom Absender nicht als „Privat" eingestuft wurden.

> Testen Sie den Assistenten und die aktivierten Regeln, bevor Sie in den Urlaub gehen. Bitten Sie einen Kollegen, Ihnen zwei E-Mails zu schicken, eine davon mit der Vertraulichkeit „Privat". Wenn der Vertreter nur die nicht private Nachricht Ihres Kollegen weitergeleitet bekommt, ist alles richtig eingerichtet.

Hinweise:
1. Leiten Sie über eine Regel Ihre eingehenden E-Mails an Ihren Vertreter weiter, werden lediglich Kopien erstellt und übermittelt. Die Original-E-Mail verbleibt in Ihrem Ordner. Das Abarbeiten der E-Mails durch Ihren Kollegen lässt sich daher nicht im eigenen Posteingang verfolgen. Löscht Ihr Vertreter eine unwichtige E-Mail, so bleibt sie in Ihrem Posteingang trotzdem erhalten und Sie müssen sie noch selbst löschen – Ihr Vertreter arbeitet ja an Kopien Ihrer E-Mails (vgl. Grundregel „Einmaligkeit").
2. Zudem werden die E-Mails bei der Weiterleitung verdoppelt, was sich negativ auf den Speicherbedarf auswirkt. Unter Umständen ist es sinnvoll, die E-Mails nach der Weiterleitung mittels einer weiteren Regel zu löschen.

3. Bei einigen E-Mail-Programmen (z.B. Outlook) lässt sich der Abwesenheitsassistent nicht im Voraus aktivieren. Auch im Nachhinein kann er nur vom Systemadministrator eingeschaltet bzw. geändert werden. Der Abwesenheitsassistent leitet die E-Mails dann erst ab dem Zeitpunkt des Einschaltens weiter. Wie kommt Ihr Vertreter aber an die E-Mails, die davor eingegangen sind?

Weitergabe des Passwortes

Vielfach gewährt der zu Vertretende seinem Vertreter durch Weitergabe seines Passwortes Zugang zu seinen Daten. Hiervon raten wir dringend ab – dies ist völlig inakzeptabel. Um zu gewährleisten, dass der Vertreter auch immer das aktuelle Passwort kennt, wird es dann irgendwo am Schreibtisch deponiert. Im Extremfall sogar auf Anordnung der Führungskraft.

In allen uns bekannten Unternehmen gibt es Regelungen, die die Weitergabe des Passwortes strikt untersagen. Kennt Ihr Vertreter Ihr Passwort, so kann er nicht nur auf Ihren Posteingang, sondern auf Ihr gesamtes Dateisystem zugreifen und unter Ihrem Namen tätig werden. Von ihm verursachte Fehler fallen dadurch stets auf Sie zurück – Ihr Vertreter war ja mit Ihrer Kennung eingeloggt. Sie sind aber verantwortlich für alles, was mit Ihrem Passwort angerichtet wird. Unabhängig davon, ob Sie es selbst, Ihr Vertreter aus Versehen oder eine dritte Person mit Vorsatz tut.

3. Sie werden über die Ergebnisse informiert.

Nach der Rückkehr aus Ihrem Urlaub möchten Sie sich natürlich darüber informieren, was während Ihrer Abwesenheit alles angefallen ist. Treffen Sie mit Ihrem Vertreter daher eine Vereinbarung, auf welche Weise er Sie adäquat über alle wichtigen Entscheidungen und Ergebnisse informiert. Möglich wäre beispielsweise:

◆ Ihr Vertreter informiert Sie über ausgehende E-Mails, indem er Sie in den Verteiler (als CC:) aufnimmt und Ihnen damit eine Kopie der Antwort zukommen lässt.

◆ Ihr Vertreter dokumentiert getroffene Entscheidungen und Ergebnisse direkt in der eingegangenen E-Mail.

4. Ihre Vertretung ist sowohl für geplante als auch ungeplante Abwesenheit sinnvoll geregelt.

Sie haben nun diverse Varianten kennen gelernt, ihre Abwesenheit zu organisieren, dies jedoch unter der Annahme einer geplanten Abwesenheit. Auf eine ungeplante Abwesenheit sind diese jedoch nur bedingt übertragbar. Ungeplante Abwesenheit ist zwar selten, aber umso unangenehmer, wenn keine Vorkehrungen getroffen wurden. Wie bereits erwähnt, kann der Abwesenheitsassistent nicht im Nachhinein eingeschaltet werden. Damit ist er bei ungeplanter Abwesenheit keine Lösung.

Im Falle einer ungeplanten Abwesenheit (z.B. Krankheit) kann Ihr Vertreter nur auf Ihren Posteingang bzw. Ihr Postfach zugreifen, wenn Sie ihm dauerhaft derartige Zugriffsrechte eingeräumt haben. Stellt Ihr Vertreter fest, dass Sie nicht da sind, öffnet er Ihren Posteingang und prüft die eingegangenen Nachrichten. Damit steht einer ungeplanten Abwesenheit nichts mehr im Wege.

Klären Sie mit Ihrem Vertreter unbedingt, ob Sie für alle Abwesenheitssituationen (also Urlaub, Krankheit, Geschäftsreise) einen einheitlichen Ablauf möchten oder ob es abhängig von der Situation einen speziellen Ablauf gibt. In der Praxis hat es sich als vorteilhaft erwiesen, zwei Vertreter einzusetzen, einen fachlichen und einen weiteren (z.B. Sekretariat oder Führungskraft). Dies ist vor allem dann von Bedeutung, wenn der fachliche Vertreter ebenfalls (z.B. auf Grund von Krankheit) nicht anwesend ist.

> Besprechen Sie nach Ihrem Urlaub mit Ihrem Vertreter, was während Ihrer Abwesenheit gut funktioniert und wo es Probleme gegeben hat.

Versuchen Sie anschließend, für die aufgetretenen Schwierigkeiten eine gemeinsame Lösung zu erarbeiten. Nur so können diese das nächste Mal vermieden werden.

2.4 Automatische Verarbeitung von E-Mails

Im Umgang mit der Informationsflut bieten viele E-Mail-Programme Hilfsfunktionen zum Verwalten von E-Mails an. Eine nützliche Funktion stellt die automatische Verarbeitung von E-Mails dar. Mit Hilfe von Regeln können eintreffende E-Mails vorsortiert oder abgelegt werden.

Sie legen hierzu in den Regelbedingungen fest ⇥, was mit welchen Nachrichten automatisch passieren soll und welche Ausnahmen dabei zu berücksichtigen sind. Die Regelbedingungen sind daher stets nach dem Prinzip „Wenn – Dann" aufgebaut und bestehen aus folgenden Teilen:

1. Bedingung für die Auswahl der E-Mails: Welche E-Mails sollen mit dieser Regel bearbeitet werden?
2. Aktion, die mit der ausgewählten E-Mail durchgeführt werden soll: Was soll mit der Nachricht, auf die die Bedingung zutrifft, passieren?
3. Ausnahmen: Welche Ausnahmen sollen berücksichtigt werden?

Viele E-Mail-Programme bieten bereits vorformulierte Regeln. Diese stellen einen groben Rahmen dar, der die Erstellung einfacher Regeln erheblich erleichtert.

Beispiele für Regel-Aktionen:

◆ E-Mails automatisch in vordefinierte Ordner verschieben.
◆ E-Mails automatisch löschen.
◆ Automatische Information bei Erhalt wichtiger E-Mails.
◆ Automatische Vergabe von Prioritäten.

Die automatische Verarbeitung von E-Mails gelingt umso besser, je vorhersehbarer bestimmte Informationen (z.B. Absenderadresse, bestimmte Worte im Betreff oder Text) von E-Mails sind. Sind Ihnen derartige Informationen schon im Vorfeld bekannt, so können Sie mit Hilfe dieses Wissens eine Regel für die automatische Verarbeitung definieren. Das Prinzip der automatischen Verarbeitung soll anhand einiger praktischer Beispiele veranschaulicht werden:

Regel zum automatischen Verschieben von E-Mails in vordefinierte Ordner

Die automatische Verarbeitung von E-Mails eignet sich ideal zum Organisieren von Projekten. Angenommen, Sie arbeiten an einem Projekt mit Namen „Fantasiefirma" und kommunizieren hierbei vor allem mit Mitarbeitern der Firma „Fantasiefirma AG". Sie möchten, dass alle eingehenden Mails, die sich auf dieses Projekt beziehen, nicht mit der sonstigen Tagespost im Posteingang liegen, sondern bereits vorsortiert und automatisch dem jeweiligen Projektordner zugeordnet werden. Gehen Sie hierzu wie folgt vor:

- ◆ Legen Sie für das Projekt einen neuen Ordner an, der den Namen „Fantasiefirma" trägt.
- ◆ Definieren Sie folgende Regel ⇄: Wenn Absender gleich „@fantasiefirma.de", dann verschiebe E-Mail in Ordner „Fantasiefirma".

Ihr E-Mail-Programm leitet nun alle E-Mails, die mit der E-Mail-Adresse @fantasiefirma.de enden automatisch in Ihren Projektordner.

Bitte beachten Sie: Meist ist es schwierig, diejenigen E-Mails, die Sie automatisch verarbeiten möchten, mit einer Regel zu treffen und dabei nicht gleichzeitig auch unerwünschte E-Mails zu treffen. Haben Sie beispielsweise einen Bekannten bei der Fantasiefirma AG, der Ihnen regelmäßig von seinem Arbeitsplatz aus private E-Mails schreibt, so werden diese E-Mails ebenfalls von der Regel erfasst und in den Projektordner verschoben. Das mag in diesem Fall noch kein Problem sein. Doch malen Sie sich einmal folgendes Szenario aus:

Stellen Sie sich vor, es gäbe eine Regel, mit deren Hilfe Sie alle E-Mails, deren Betreff ausschließlich in Großbuchstaben geschrieben ist, automatisch löschen. (Ist ein Betreff in Großbuchstaben geschrieben, ist er zu 98 % Spam). Nun schreibt Ihnen jedoch ein Bekannter eine äußerst dringende E-Mail mit folgendem Betreff: „WICHTIG: BITTE UMGEHEND BEARBEITEN". Erkennen Sie das Problem? – Auch diese E-Mail ist von Ihrer Regel betroffen und wird automatisch gelöscht!

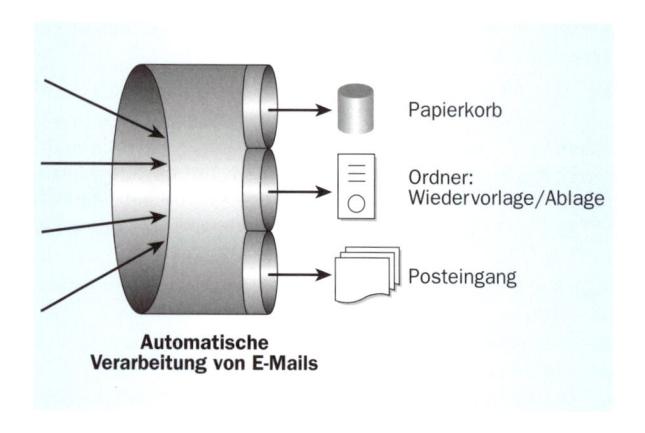

Automatische Verarbeitung von E-Mails

- Papierkorb
- Ordner: Wiedervorlage/Ablage
- Posteingang

Wenn Sie eingehende E-Mails über Regeln gleich in die zugehörigen Ordner verschieben, laufen Sie jedoch leicht Gefahr, diese zu übersehen. Konfigurieren Sie deshalb Ihr E-Mail-Programm so, dass Sie auf neu eingegangene E-Mails hingewiesen werden ➡. Bei den meisten E-Mail-Programmen wird am Ordner angezeigt, wie viele ungelesene E-Mails er enthält.
Bedenken Sie: Es gibt keine Regeln, die pauschal für alle Anwender adäquat sind. Sie sollten sich deshalb über die Möglichkeiten Ihres E-Mail-Programms zur automatischen Verarbeitung von E-Mails informieren. Definieren Sie anschließend die für Sie passenden Regeln, um so eine individuelle Strategie für die Handhabung Ihres Mail-Aufkommens zu entwickeln.

Ablauf E-Mail-Bearbeitung

Auch durch die automatische Verarbeitung von E-Mails ergeben sich neue Möglichkeiten für den Ablauf der Posteingangsroutine. Die Grafik zur Posteingangsroutine auf Seite 19 muss also um die Möglichkeit der automatischen Verarbeitung ergänzt werden.
Über die automatische Verarbeitung können E-Mails also automatisch

- in den Papierkorb verschoben werden.
- in die Wiedervorlage verschoben werden.
- abgelegt werden.

ACHTUNG: Verschieben Sie über Regeln E-Mails automatisch in verschiedene Unterordner, so bedenken Sie, dass Ihr Vertreter auch für diese Ordner während Ihrer Abwesenheit Zugriff benötigt, um Sie adäquat vertreten zu können. Vergeben Sie daher auch für diese Order die notwendigen Rechte.

2.5 Papierkorb

Sich von Dingen zu trennen ist häufig schwer. Auch in Bezug auf E-Mails lässt sich dieses Phänomen oft feststellen – mit der Folge, dass das Postfach nach einiger Zeit völlig überfüllt ist. Ist dies der Fall, so werden E-Mail-Benutzer mittels einer Warnung darauf hingewiesen, dass ihr Postfach eine bestimmte Speichergrenze überschritten hat. Das Überschreiten der Speichergrenze ist häufig mit Konsequenzen verbunden: Meist können E-Mails erst dann wieder versandt werden, wenn die maximal zulässige Speichergrenze wieder unterschritten wird. Überschreitet der E-Mail-Benutzer jedoch eine weitere Speichergrenze, so kann es sein, dass das E-Mail-Programm sogar das Empfangen neuer E-Mails verbietet.

Um das Unterschreiten der maximal zulässigen Speichergrenze zu erreichen, müssen jedoch erst einmal alte und unwichtige E-Mails aus dem Postfach entfernt werden. Bitte beachten Sie, dass sich die zulässige Speichergrenze auf das gesamte Postfach und nicht nur auf den Posteingang bezieht. Es genügt also meist nicht, alte E-Mails nur aus dem Posteingang zu entfernen. Räumen Sie daher auch in den Unterordnern Ihres Postfachs auf. Damit ein reibungsloser Betrieb gewährleistet werden kann, sollten Sie daher Ihr Postfach nicht erst nach Aufforderung durch derartige Meldungen, sondern regelmäßig aufräumen und leeren.

Maßnahmen, die eine Überfüllung Ihres elektronischen Posteingangs verhindern:

◆ Löschen Sie Uninteressantes, Unwichtiges oder Unnötiges bereits direkt nach dem Lesen.
◆ Leeren Sie regelmäßig Ihren Papierkorb.
◆ Leeren oder räumen Sie regelmäßig Ihre gesendeten E-Mails auf.
◆ Legen Sie Anlagen, wann immer es möglich ist, im Dateisystem ab und löschen Sie dann die E-Mail oder zumindest die Anlage aus der E-Mail.
◆ Löschen oder archivieren Sie abgeschlossene Vorgänge und Projekte.

Überschreiten Sie nach Beachtung all dieser Hinweise noch immer Ihre Speichergrenzen, kann es daran liegen, dass Ihr Speicherplatz zu gering ist. Versuchen Sie in diesem Fall, eine Erhöhung Ihres Speicherplatzes auf dem Mail-Server zu erreichen. Setzen Sie sich hierzu mit Ihrem Systemadministrator in Verbindung.

Leeren des Papierkorbs

Beim Löschen einer E-Mail landet diese vorerst in Ihrem Papierkorb. Das bedeutet: Zwar haben Sie die E-Mail als Müll gekennzeichnet, dennoch wird sie vom E-Mail-Programm noch nicht endgültig gelöscht. Sie haben somit die Möglichkeit, jederzeit auf Ihren Papierkorb zuzugreifen und die E-Mail bei Bedarf wiederherzustellen.

Meist ist es aber auch der Papierkorb, der sehr viel Platz verbraucht, da Ihre „alten" E-Mails hier zwischengelagert werden, bevor Sie den Befehl erteilen, die E-Mails endgültig zu löschen. Sie sollten sich daher eine Vorgehensweise für das endgültige Löschen von E-Mails überlegen.

Dabei stehen Ihnen folgende Möglichkeiten zur Verfügung:

◆ Sie umgehen die Zwischenlagerung in Ihrem Papierkorb und löschen die E-Mails direkt endgültig. Drücken Sie dazu beim Löschen im Posteingang die Entf-Taste und die Umschalt-Taste.

- Sie leeren hin und wieder Ihren Papierkorb komplett, indem Sie Ihrem E-Mail-Programm den entsprechenden Befehl erteilen 🗑.
- Sie richten eine Putzkolonne ein, die bei jedem Beenden des E-Mail-Programms Ihren Papierkorb leert 🗑.
- Sie löschen die E-Mails einzeln oder in Gruppen aus Ihrem Papierkorb. Diese Variante ist jedoch sehr aufwändig. Vergleichen Sie sie mit dem Papierkorb in Ihrem Büro: Aus diesem nehmen Sie ja auch nicht, bevor Sie den Papierkorb ausleeren, den Müll wieder heraus und sortieren von neuem, was Sie wegwerfen möchten und was nicht.

Stellen Sie Ihr E-Mail-Programm aber unbedingt so ein, dass Sie vor dem endgültigen Löschen einer E-Mail gewarnt werden.

Vorbereitendes Löschen

Sie erleichtern sich das Aufräumen Ihres Postfachs enorm, wenn Sie bereits bei der Bearbeitung von E-Mails das Löschen mit vorbereiten. Entscheiden Sie bereits bei der Bearbeitung der E-Mail, wie lange sie aktuell ist. Hat sie an Aktualität verloren, können Sie diese löschen. Weist eine E-Mail Sie z.B. auf das Programm Ihres Betriebsausflugs hin, so ist die E-Mail am Tag nach dem Ausflug veraltet und kann gelöscht werden.
Vorbereitendes Löschen bedeutet also:
1. Entscheiden Sie bereits bei der Bearbeitung einer E-Mail, wie lange sie aktuell ist, und dokumentieren Sie Ihre Entscheidung.
2. Vergessen Sie nicht, die E-Mail nach Ablauf der Frist auch tatsächlich zu löschen.

Es gibt verschiedene Methoden, wie Sie das Löschen konkret vorbereiten können:

Beispiel: Quartalspapierkörbe

Eine Ursache, warum es vielen Menschen schwer fällt, E-Mails zu löschen, ist die Angst, sie irgendwann einmal zu brauchen. Sie haben also die Befürchtung, dass der Inhalt der E-Mail später möglicherweise noch einmal von Bedeutung sein könnte. Erkennen Sie sich in dieser kurzen Beschreibung wieder, so überlegen Sie sich, wo und wie lange Sie E-Mails aufbewahren, von denen Sie sich nicht sofort trennen können.

Quartalspapierkörbe

- Legen Sie vier Ordner mit den Namen „Quartalspapierkorb 1" bis „Quartalspapierkorb 4" an.
- Legen Sie alle E-Mails in diese Ordner ab, von denen Sie sich nicht sicher sind, ob Sie sie noch brauchen.
- Benötigen Sie eine E-Mail aus den Quartalspapierkörben wieder, so entscheiden Sie, ob die E-Mail dort verbleibt oder ob Sie sie in Ihre Ablage mitaufnehmen.
- Haben Sie auf die Inhalte des Quartalspapierkorb 1 nach einer gewissen Zeit (spätestens ein halbes Jahr) immer noch nicht wieder zurückgegriffen, können Sie die Inhalte dieses Ordners endgültig löschen. Danach ist es höchst unwahrscheinlich, dass Sie E-Mails, die Sie bis dahin nicht benötigt haben, später noch einmal brauchen.

Anstelle von Quartalspapierkörben können Sie beispielsweise auch einen Fünf-Wochen-Ordner einrichten etc. Bewahren Sie die E-Mails in diesem Ordner maximal fünf Wochen auf. Alle E-Mails innerhalb dieses Ordners, die diese Frist überschritten haben, können Sie bedenkenlos löschen.

Löschdatum

Einfacher und bequemer ist jedoch folgendes Prinzip:

> Versehen Sie Ihre E-Mails mit Löschdatum ➨. Legen Sie damit fest, wann die E-Mail veraltet ist und von Ihnen gelöscht werden kann.

Einige E-Mail-Programme bieten die Möglichkeit, die E-Mail mit einem Verfallsdatum zu kennzeichnen. E-Mails, die ihr Verfallsdatum überschritten haben, werden vom E-Mail-Programm entsprechend gekennzeichnet. Auf diese Weise haben Sie stets den Überblick darüber, welche E-Mails bereits veraltet sind und von Ihnen bedenkenlos gelöscht werden können. Ein nochmaliges Lesen und Entscheiden, ob die E-Mail gelöscht werden kann, wird somit überflüssig.

E-Mails, die Sie mit einem Löschdatum versehen haben, können Sie normal ablegen.

> Lassen Sie sich anhand des Löschdatums gezielt alle abgelaufenen E-Mails anzeigen ➡ und löschen Sie diese anschließend.

Bietet Ihr E-Mail-Programm keine softwaregestützte Lösung, die E-Mails mit einem Löschdatum zu kennzeichnen, können Sie das Verfallsdatum auch in die Betreffzeile der E-Mail eintragen. Geben Sie hierbei ein konkretes Datum (z.B. immer der letzte Tag im Monat oder Quartal) als Verfallsdatum ein.

> Lassen Sie sich über die Suchfunktion später alle E-Mails mit diesem Datum anzeigen, um sie dann tatsächlich zu löschen.

Welche Lösung für Sie die richtige ist, müssen Sie individuell für sich entscheiden. Das Grundprinzip ist jedoch folgendes:
- ◆ E-Mails, die Sie nicht mehr benötigen, können Sie ohne Bedenken löschen. Sind Sie sich dessen jedoch nicht sicher, so heben Sie diese gezielt nur eine Zeit lang auf.
- ◆ Brauchen Sie die E-Mail später doch noch, so können Sie darauf zurückgreifen.
- ◆ Löschen Sie die E-Mail jedoch regelmäßig nach einer gewissen Zeitspanne. Beachten sie: Je kürzer Sie diese E-Mails aufbewahren, desto besser!

2.6 Spam

Wer in seinem Postfach häufig E-Mails über risikofreie Nebenverdienste oder gar pornografische Werbung vorfindet, bei dem macht sich Unmut über die Plage „Spam" breit: Diese unverlangten Werbe-E-Mails kosten beim Runterladen Verbindungsgebühren und zum anderen ist es äußerst mühsam, zwischen der Werbung die eigentliche Post herauszufiltern.

Mehr als 70 % der täglich rund 30 Milliarden E-Mails sind nach Angaben der Süddeutschen Zeitung (v. 11.08.2005) Werbe-E-Mails. Die Europäische Union schätzt den daraus resultierenden Gesamtschaden durch steigende Verwaltungskosten, überlastete Server und sinkende Mitarbeiterproduktivität auf europaweit über acht Milliarden Euro pro Jahr.

Was ist Spam?

Spam ist der Sammelbegriff für den unverlangten massenhaften Versand von Nachrichten in Form von E-Mails oder Beiträgen (Postings) im Usenet. Bezogen auf E-Mails spricht man auch von UBE = „Unsolicated Bulk E-Mail" (UBE): „unverlangte Massenmail" bzw. Junk-Mail („Junk" = wertloser Mist).

Ursprünglich ist SPAM ein Markenname für Dosenfleisch (schnittfestes Fleischderivat aus der Dose), entstanden aus spiced ham, fälschlicherweise auch spiced pork and meat/ham. Über den Zusammenhang zwischen spiced ham und E-Mails wird viel spekuliert. Verschiedenste „Legenden" erzählen über die Verbindung zu E-Mails. Welche von ihnen richtig ist, ist heute kaum mehr nachzuprüfen. Unter ihnen befindet sich die Erklärung, der Name Spam entstamme einem Sketch der englischen Comedyserie „Monty Python's Flying Circus". In diesem Sketch erscheint das Wort Spam insgesamt mehr als 100 Mal und beschreibt damit gleichzeitig das Wesen des Begriffs Spam.

Als Spam-Mails lassen sich vor allem folgende E-Mails unterscheiden:
1. Kommerzielle Spam („Unsolicated Commercial E-Mail"),
2. Hoaxes,
3. Kettenbriefe.

1. Kommerzielle Spam

Der meiste Spam ist kommerziell. Diese unerlaubten Werbemails werden auf Grund der geringen Kosten für den Versender meist in Massen versandt. Obwohl die Rechtslage zum Versand von Werbemails eindeutig ist, haben sich Spam-Mails zu einem echten Problem entwickelt. Befinden sich Spam-Mails in Ihrem Posteingang so kostet es Sie einerseits Zeit und Aufmerksamkeit, diese zu löschen, andererseits erzeugen Spam-Mails enorme Kosten und belegen technische Ressourcen.

Was Sie gegen kommerzielle Spam tun können

Die beste Lösung ist es natürlich, Spam gar nicht erst zu erhalten. Dabei hilft:

Streuen Sie Ihre E-Mail-Adresse so wenig wie möglich!

Bedenken Sie, um Spam-Mails zu erhalten, muss der Spammer Ihre E-Mail-Adresse kennen. In der Regel erhalten Spammer E-Mail-Adressen vor allem aus folgenden Quellen:

- Eingabeformulare im Internet,
- Weitergabe Ihrer E-Mail-Adresse durch Dritte,
- E-Mail-Verzeichnisse.

Beispiel: Urteil gegen Spammer

In einem Rechtsstreit gegen das Versenden unerwünschter E-Mails wurde am 9. August 2005 ein wichtiger Teilerfolg im Kampf gegen die unerwünschte Werbeflut erzielt. Ein Softwarekonzern hatte gegen das Internet-Werbe-Unternehmen Optinrealbig.com, einen der aktivste Spammer der Welt, Klage eingereicht. Die Firma, die geschätzte 38 Milliarden Werbe-E-Mails pro Jahr in 35 Länder verschickt, wurde zu einer Entschädigung in Höhe von sieben Millionen Dollar verurteilt. Mit diesem Urteil wird der Forderung der Industrie Rechnung getragen, härter gegen Spammer vorzugehen. Das Versenden unerwünschter Werbung ist zwar verboten, doch die gesetzliche Regelung sieht hierfür noch keine Strafen vor. (Quelle: Süddeutsche Zeitung vom 11. August 2005, S. 18)

Do's und Dont's zum Umgang mit Spam

Dont's:

- Antworten Sie auf keinen Fall direkt auf eine Spam-Mail. Absender-Adressen können beliebig gewählt werden. Die wenigsten Spammer geben daher die eigene Absender-Adresse an.
- Klicken Sie niemals auf einen in der Mail angegebenen Link.
- Nehmen Sie niemals eine in der Mail beworbene Handlung vor.
- Klicken Sie nicht auf die „Abbestellen"-Funktion in der Spam-Mail.

All dies dient meist nur der Verifikation der E-Mail-Adressen, die der Spammer dann besonders teuer verkaufen kann.

Do's:

- Nutzen Sie die Funktion zur automatischen Verarbeitung von E-Mails. Definieren Sie für unerwünschte Werbemails entsprechende Regeln und leiten Sie diese Mails in einen Extra-Ordner.

ACHTUNG:
Sehen Sie sich den Ordner vor dem endgültigen Löschen noch einmal durch, um zu vermeiden, dass Sie versehentlich in diesen Ordner verirrte Geschäftsmails löschen.

- Bitten Sie bei massiven Spam-Attacken Ihren Provider oder Ihre IT-Abteilung, dagegen vorzugehen.
- Beschweren Sie sich beim Provider des Spammers.

2. Hoaxes

Hoaxes (englisch für „Zeitungsente") sind E-Mails, die vor einem neuen gefährlichen Computervirus warnen. Diese Warnungen stimmen jedoch nicht! Stattdessen appellieren sie an die Hilfsbereitschaft der Empfänger, um sie so zu schädlichen Handlungen wie dem Weiterleiten der E-Mail an möglichst viele Personen, zu veranlassen.

Hoaxes können an folgenden vier charakteristischen Merkmalen erkannt werden:

1. In der E-Mail werden die Empfänger aufgefordert, die E-Mail an möglichst viele andere Empfänger weiterzuleiten.
2. Der Virus, vor dem gewarnt wird, ist so neu, dass kein Anti-Viren-Programm ihn momentan findet, und hat eine dramatische Wirkung (z.B. Löschen der Festplatte).
3. Die Information scheint von einer seriösen Quelle (z.B. Microsoft, Rundfunk, Polizei) zu stammen.
4. Die wirkliche E-Mail-Adresse des Ursprungsabsenders ist nicht zu identifizieren.

Meist sind diese Virenwarnung frei erfunden. Sie werden von leichtgläubigen Nutzern verbreitet, die diese E-Mail auf demselben Wege bekommen haben. Der eigentliche Schaden entsteht durch die Warnmeldung selbst, die wie eine Kettenmail in riesigen Massen weiterversandt wird. Ein Hoax verschwendet produktive Zeit, verunsichert Menschen und bindet technische Ressourcen.

Leiten Sie keine Virenwarnung per E-Mail weiter!

Schenken Sie einer Virenwarnung nur Glauben, wenn sie vom Administrator in Ihrem Unternehmen stammt. Im Zweifelsfall können Sie sich beim „Bundesamt für Sicherheit in der Informationstechnik" über alle aktuellen Viren informieren.

Was Sie gegen Hoaxes tun können

Grundsätzlich sollten Sie sich möglichst gar nicht erst mit Hoaxes befassen und keinerlei Energie hierfür aufwenden.

Mittels einer sich selbst aktualisierenden Virensoftware haben Sie bereits einen großen Schutz vor kursierenden Computerviren. Möchten Sie der Virenwarnung dennoch nachgehen, so

- nehmen Sie die Virenwarnung zur Kenntnis und löschen Sie die E-Mail, ohne sie weiterzuleiten.
- prüfen Sie die Meldung nach oben genannten Merkmalen. Treffen auch nur einige zu, handelt es sich um einen Hoax. Ist dies nicht der Fall, sehen Sie nach, ob auf den Internet-Seiten der von Ihnen verwendeten Virenschutz-Software, beim Bundesamt für Sicherheit in der Informationstechnik (http://www.bsi.de) oder bei Ihrer firmeninternen Hotline weitere Informationen vorhanden sind.
- prüfen Sie nach, ob der Hoax schon bekannt ist.

3. Kettenbriefe

Ein Kettenbrief ist ein E-Mail, die die Aufforderung enthält, den Brief zu kopieren und an mehrere weitere Empfänger zu versenden. Wer dies tut, dem werden große Belohnungen ganz unterschiedlicher Art (Glück, Geld, etc.) versprochen. Andernfalls drohen jedoch negative Konsequenzen, was besonders abergläubische Menschen dazu veranlasst, die E-Mail doch lieber an viele weitere Empfänger weiterzuleiten.

Was Sie gegen Kettenbriefe tun können

- Schicken Sie Kettenbriefe auf keinen Fall weiter! Falls Sie die Person kennen, die Ihnen den Kettenbrief zugesandt hat, machen Sie sie darauf aufmerksam, dass Kettenbriefe unnütz sind und Sie in Zukunft keinerlei Kettenbriefe mehr erhalten wollen.
- Nehmen Sie auch hier keine Handlung vor, die in der E-Mail beworben wurde. Meist handelt es sich um betrügerische E-Mails, die Ihr Mitgefühl, Ihre Risikobereitschaft oder Ähnliches dreist ausnützen wollen.

Auf den Punkt gebracht:

- ◆ Erledigen Sie E-Mails, die Sie innerhalb von drei Minuten bearbeiten können, sofort.
- ◆ Entwickeln Sie für E-Mails, die Sie später bearbeiten wollen, eine Wiedervorlage: Legen Sie alle unbearbeiteten E-Mails in die Ablage und notieren Sie sich in Ihrer Wiedervorlage einen Bearbeitungshinweis, den Ablageort der dazugehörigen Unterlagen und das Wiedervorlagedatum.
- ◆ Um Informationen in Ihrer Ablage wiederzufinden, bieten viele E-Mail-Programme zwei Suchfunktionen an:
  - Suchen: schnelle und einfache Suche nach standardisierten Vorgaben.
  - Erweiterte Suche: komponentenübergreifende Suche in allen Feldern.
- ◆ Nach Abschluss eines Vorgangs sollten Sie alle wichtigen Informationen archivieren.
- ◆ Regeln Sie Ihre Vertretung frühzeitig. Sorgen Sie dafür, dass Ihre Vertretung dauerhaft auf Ihren Posteingang bzw. Ihr Postfach zugreifen kann.
- ◆ Über die automatische Verarbeitung von E-Mails mittels Regeln können eintreffende E-Mails vorsortiert oder abgelegt werden.
- ◆ Vermeiden Sie eine Überfüllung Ihres Postfachs, indem Sie regelmäßig aufräumen – auch den Papierkorb und die gesendeten E-Mails.
- ◆ Spam ist lästig. Diese Verhaltensweisen schaffen Abhilfe:
  - Streuen Sie Ihre E-Mail-Adresse so wenig wie möglich.
  - Nutzen Sie die Funktion zur automatischen Verarbeitung von E-Mails und verschieben Sie unerwünschte Werbe-Mails in den Papierkorb.
  - Bitten Sie Ihren Provider oder Ihre IT-Abteilung gegen massive Spam-Attacken vorzugehen.
  - Leiten Sie keine Virenwarnungen per E-Mail weiter. Dabei handelt es sich meist um Hoaxes.
  - Schicken Sie keine Kettenbriefe weiter.

3 Umgang mit ausgehenden E-Mails

Als Absender von E-Mails können Sie sehr dazu beitragen, die E-Mail-Flut weiter zu vergrößern. Überlegen Sie daher stets vor dem Absenden einer E-Mail, wer welche Informationen wirklich benötigt und ob E-Mail auch das richtige Kommunikationsmedium hierfür ist.

Achten Sie zudem beim Schreiben einer E-Mail darauf, es dem Empfänger nicht unnötig schwer zu machen. Denn:

> „Einer muss sich immer plagen, wenn Verständigung zustande kommen soll: der Schreiber oder der Leser."
> (Wolf Schneider, 1994)

Tragen Sie als Absender die Verantwortung, dass Verständigung zustande kommt. Gestalten Sie Ihre E-Mail so, dass der Empfänger schnell weiß, welches Anliegen Sie haben und welche Erwartungen Sie an ihn stellen. Beachten Sie hierzu folgende Abschnitte:

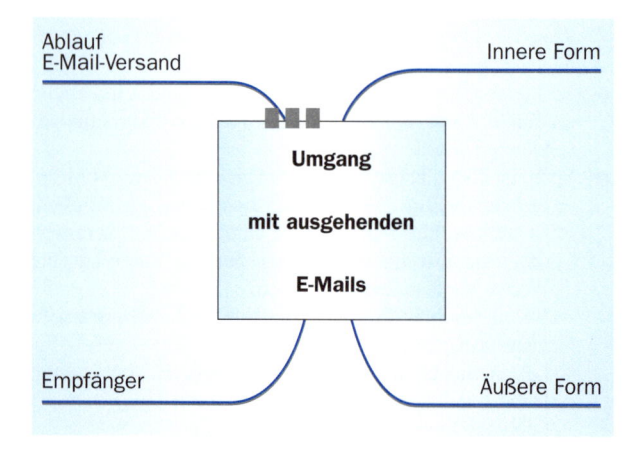

3.1 Innere Form

Die Betreffzeile

Neben den Absenderdaten gehört die Betreffzeile zu den ersten Informationen, die der Empfänger einer E-Mail nach dem Öffnen angezeigt bekommt. Deshalb muss der Text der Betreffzeile bereits die Aufmerksamkeit des Lesers wecken.

> Neben dem Absender ist die Betreffzeile entscheidend, ob und wann der Empfänger die E-Mail liest.

Anhand der Betreffzeile entscheidet sich der Empfänger bereits schon, wie er mit der E-Mail weiter verfährt:
- lesen (sofort oder später),
- bearbeiten (sofort oder später),
- ignorieren,
- löschen.

Formulierung der Betreffzeile

Auf Grund seiner hohen Bedeutung sollte der Betreff folgendermaßen gestaltet sein:
- Aussagekräftig: Vermitteln Sie bereits in der Betreffzeile kurz und knapp, worum es geht. Nur so kann der Empfänger entscheiden, wie bedeutsam die E-Mail für ihn ist, d.h., ob er sie gleich (oder später) liest oder sie gar ungelesen in den Papierkorb verschiebt. Es ist ärgerlich, wenn sich der Leser erst mit der E-Mail befassen muss, um zu erkennen, wie wichtig sie für ihn ist. Noch ärgerlicher ist es jedoch, wenn der Empfänger die E-Mail auf Grund eines nichtssagenden Betreffs erst nach einigen Tagen liest, obwohl sie für ihn wichtige Informationen enthält.
- Unmissverständlich: Die Betreffzeile ist oft Ursache für Missverständnisse. Je nach Vorwissen kann sie für den Sender aussagekräftig, für den Empfänger bedeutungslos sein. Nehmen Sie beim Verfassen auf das Hintergrundwissen und auf die Sichtweise Ihres Empfängers Rücksicht.

- ◆ Darstellung des Nutzens für den Leser: Die Betreffzeile sollte so formuliert sein, dass sich der Empfänger vom Inhalt einen persönlichen Nutzen verspricht. Nur dann wird er Ihre E-Mail auch lesen. Versuchen Sie also, den Inhalt Ihrer Mail so auf den Punkt zu bringen, dass für den Empfänger ein Vorteil sichtbar wird.
- ◆ Zu einem Thema zuordnen: Gestalten Sie die Betreffzeile als Orientierungshilfe. Für den Empfänger sollte nach dem Lesen des Betreffs klar sein, welchem Themenkreis Ihre E-Mail zuzuordnen ist. Vermeiden Sie daher nichtssagende Formulierungen wie „Hallo" oder „Info" ohne Thema.
- ◆ Schlagworte: Spezifizieren Sie den Betreff Ihrer Nachricht zusätzlich über kurze Schlagworte, die Sie dem eigentlichen (am besten zu Beginn) hinzufügen:
    - „Info: ...": Sie möchten Ihren Empfänger lediglich über einen Sachverhalt informieren.
    - „Zur Kenntnis: ...": Sie möchten, dass Ihr Empfänger folgenden Inhalt zur Kenntnis nimmt.
    - „Eilt: ...": Sie möchten den Empfänger auf eine äußerst dringliche Angelegenheit hinweisen.

Als hilfreich erweisen sich hierbei im Kollegenkreis abgesprochene Kürzel.

Beispiele

T.	für termingebundene Informationen
z.K. / Info / NZI	für Infos die keine Reaktion erfordern
b.R.	für erforderliche tel. Rücksprachen
z.A.	für Inhalte oder Anlagen zur Ablage
To do / HB	für E-Mails, bei denen Handlungsbedarf besteht

Je schneller der Empfänger weiß, worum es Ihnen geht, umso besser. Achten Sie deshalb darauf dass Ihre E-Mail stets folgende „Eckdaten" besitzt: Sache/Thema, Anliegen, Bezugsdatum.

Beispiele für Betreffzeilen

1. Gerhard Mayer ist Leiter des Projekts „Fantasiefirma" und möchte seinen Projektmitarbeitern einen Termin zur Ortsbesichtigung am 29.07. bestätigen. Seine Betreffzeile lautet:

Betreff: Projekt Fantasiefirma - Ortsbesichtigung am 29.07. - Terminbestätigung

Auf Grund dieses Betreffs können die Mitarbeiter die E-Mail auf Anhieb dem Thema zuordnen, auch das Anliegen (die Terminbestätigung der Ortsbesichtigung) und das Bezugsdatum sind ersichtlich.

2. Susanne Müller hat sich per E-Mail zu einem Seminar zum Thema „E-Mail-Verhalten" angemeldet. Eine Stunde später erhält sie eine Rückantwort mit folgendem Betreff:

Betreff: Seminar „E-Mail-Verhalten" – Anmeldungsbestätigung Ihre Anfrage vom 21.04.

Frau Müller kann somit schon anhand des Betreffs erkennen, dass ihre Anmeldung geglückt ist.

Tipps aus der Praxis

1. Antworten Sie auf eine erhaltene E-Mail mittels der Funktion „Antworten", wird die Betreffzeile der Ursprungsmail übernommen. Stimmt der eingetragene Betreff dann nicht mehr für Ihre Antwort, sollten Sie ihn ändern.
2. Bei E-Mails, die innerhalb des Unternehmens oder eines Projektteams versandt werden, kann es zeitsparend sein, kurze Nachrichten ausschließlich in der Betreffzeile zu platzieren. Sprechen Sie dies aber unbedingt vorher mit Ihren Kollegen ab. Viele Personen fassen eine Nachricht, die nur in der Betreffzeile steht, als unhöflich auf.
3. Besteht Ihre gesamte Nachricht aus der Betreffzeile, so machen Sie dies kenntlich, indem Sie am Ende den Hinweis <EoM> (End of Message) anhängen.

4. Nehmen Sie sich Zeit für die Formulierung einer passenden Betreffzeile, auch wenn Sie unter Zeitdruck sind. Eine adäquat formulierte Betreffzeile erleichtert es dem Empfänger auch nach längerer Zeit, die E-Mail wiederzufinden. Verschiedene E-Mail-Programme warnen den Benutzer, wenn er in der Hektik eine E-Mail ohne Betreff versenden möchte.
5. Achten Sie darauf, dass Ihr Betreff nicht zu lang wird. Der Empfänger Ihrer E-Mail sollte den Betreff schon im Posteingang vollständig lesen können (möglichst nicht mehr als 50 Zeichen).
6. Tragen Sie den Betreff erst in die Betreffzeile ein, nachdem Sie den Text Ihrer E-Mail geschrieben haben. Zu diesem Zeitpunkt wissen Sie genau, welche Inhalte Ihre E-Mail tatsächlich enthält, und Sie können Ihren Betreff anpassen. Allerdings laufen Sie dann Gefahr, den Betreff zu vergessen, denn nicht alle E-Mail-Programme warnen Sie dann, wie oben erwähnt.

Übung (nehmen Sie sich dafür ca. eine Stunde Zeit)

Öffnen Sie Ihr Postfach und lassen Sie sich die von Ihnen versendeten Nachrichten anzeigen. Lesen Sie die Betreffzeilen der von Ihnen verfassten E-Mails und prüfen Sie diese mit Hilfe folgender Checkliste.

Checkliste

Prüfen Sie, was davon Ihnen selbst wichtig ist:
- Ist überhaupt eine Betreffzeile da?
- Wissen Sie sofort, worum es geht?
- Stimmt der Betreff mit dem Inhalt der E-Mail überein?
- Ist die Betreffzeile empfängerbezogen formuliert?
- Ist der Betreff kurz und prägnant, so dass er das Wesentliche auf den Punkt bringt?
- Weckt der Betreff beim Leser Interesse?

- Ist der Betreff vertrauenserweckend?
- Wird dem Leser der Nutzen der E-Mail klar?
- Kann der Leser die E-Mail einem Thema zuordnen?
- Enthält der Betreff ein Bezugsdatum?
- Wird dem Leser das Anliegen des Senders deutlich?

Genügen die von Ihnen verfassten Betreffzeilen Ihren Anforderungen? Beantworten Sie diese Frage mit Nein, so achten Sie in den kommenden Tagen stärker darauf, den Betreff Ihrer E-Mails so zu formulieren, dass er den Kriterien entspricht. Vergleichen Sie Ihre Betreffzeilen nach einer Woche noch einmal mit dieser Checkliste. Sie werden merken: Das Formulieren von aussagekräftigen Betreffzeilen ist eine Fähigkeit, die sich durch Üben schnell erlernen lässt.

Gestaltung des Textes

In der DIN 5008 finden sich Empfehlungen für die Gestaltung des Textes einer E-Mail. Danach besteht der Textkörper einer E-Mail aus folgenden Teilen, die wir nachfolgend näher unter Kommunikationsgesichtspunkten besprechen, während wir die Normgerechtigkeit in diesem Buch bewusst ausklammern:
- Anrede,
- Text/Inhalt,
- Gruß,
- Signatur.

1. Anrede

Verzichten Sie beim Verfassen von E-Mails nicht auf die Anrede. Nutzen Sie die gängigen Anreden genau wie in Geschäftsbriefen. In der Regel sind dies: „Sehr geehrte Frau Maier" oder „Guten Tag, Herr Müller". Einige mögliche Varianten sind:
- Guten Tag!
- Guten Morgen, Herr ...!
- Guten Tag, sehr geehrte Frau ...,
- Hallo Frau ...,
- Lieber Herr ...,

Sprechen Sie in Ihrer E-Mail eine Frau und einen Mann an, gestalten Sie die Anrede wie folgt:

Sehr geehrte Frau Maier,

sehr geehrter Herr Müller, …

Sind Ihnen die Ansprechpartner nicht namentlich bekannt, heißt es üblicherweise „Sehr geehrte Damen und Herren". Bedenken Sie, dass dies sehr förmlich ist und sich niemand persönlich angesprochen fühlt. Sie bringen daher besser den Namen Ihres Mail-Partners in Erfahrung (damit Sie ihn richtig schreiben können, bitte ggf. buchstabieren lassen).

Personalisieren Sie:

Sprechen Sie den E-Mail-Empfänger
- mit seinem Namen und
- mit seinem Titel an.

Trägt eine Person mehrere akademische Titel, wird in der Anrede – wie beim Geschäftsbrief – nur der ranghöchste genannt.

Wählen Sie die Form der Anrede, die Sie für die Person auch in einem gewöhnlichen Brief verwenden würden.

Ausnahme: Steht eine Arbeitsgruppe in ständigem E-Mail-Kontakt, kann die Anrede wegfallen. Machen Sie dies vom Kommunikationsstil Ihrer Firma abhängig. Direkt mit dem Thema zu beginnen ist dann effizient und nicht unhöflich.

Überlegen Sie einmal: Lassen Sie selbst die Anrede häufig weg? Überlegen Sie bitte kurz, warum Sie dies tun!

In der Praxis zeigt sich, dass viele E-Mail-Benutzer Textteile häufig deshalb weglassen, weil sie nicht schnell genug tippen und ihnen das Schreiben der Formalitäten zu lange dauert. Hier gibt es zwei Möglichkeiten der Abhilfe:
- Sie lernen das Zehn-Finger-System des Tastaturschreibens (es lohnt sich vielfach) oder
- verwenden Sie Textbausteine (Tipp: Sie können dies für kurze Passagen auch über die Signatur realisieren).

2. Text/Inhalt

Texte und Stil in Mails fallen so unterschiedlich aus wie die Zwecke, für die sie geschrieben werden. Stehen Sie in öfterem oder ständigem Austausch mit einem Mailpartner, können alle Schnörkel entfallen, Sie dürfen rein sachdienlich formulieren. Möchten Sie jedoch mit Ihrer Mail etwas beim „Gegenüber" erreichen (z.B. ihn überzeugen), so gilt: Liest Ihr Empfänger Ihren Text, haben Sie bereits die erste Hürde genommen. Enttäuschen Sie ihn dann nicht im Textverlauf. Versuchen Sie folgende Gedanken Ihres Empfängers zu vermeiden:

> *„Erst denken sie nicht und dann drücken sie es schlecht aus."* (Kurt Tucholsky)

Der erste Satz
Er ist – wie auch beim Brief – die Einladung für den Empfänger zum Lesen. Beginnen Sie daher positiv!
- „Wie schön, wieder von Ihnen zu hören ..."
- „Danke für Ihre schnelle Antwort ..."
- „Über Ihr Interesse an unserem Produkt freuen wir uns ..."
- „Sie interessieren sich für ..."

Durch eine positive Einleitung schaffen Sie eine gemeinsame Basis und wecken die Lust zum Weiterlesen.

Empfängerorientierter Stil
Hat sich durch den E-Mail-Verkehr ein neuer Schreibstil entwickelt? Dies muss differenziert werden. Es gibt mehrere gänzlich unterschiedliche Stile, aber Ursache dieser Vielfalt ist, dass E-Mails als Ersatz vielfältiger Nachrichtenformate dienen: Brief, Telefon, Post-it, Kurzmitteilung. Und jedes dieser Nachrichtenformate hat seinen eigenen Stil. Daher gilt:

> Nicht das Medium E-Mail bestimmt den Stil, sondern einzig und allein der Empfänger und der Anlass.

Es ist also ein entscheidender Unterschied, ob Sie eine Nachricht an einen befreundeten Kollegen oder an Ihren wichtigsten Kunden schicken. Auch ist eine kurze Telefonnotiz anders aufgebaut, als das Protokoll der letzten Teamsitzung. Das Kommunikationsmedium E-Mail hat also keinen Einfluss auf den Stil, sondern allein die Tatsache, was an wen verschickt wird.

> Grundregel: Formulieren Sie Ihre Nachricht genauso, wie Sie es in einem konventionellen Brief getan hätten.

Dabei versteht es sich von selbst: Schreiben Sie empfängergerecht. Jeder Mensch ist durch seine Vorerfahrungen, seine Ausbildung, sein Umfeld und seine Erwartungen geprägt und interpretiert Informationen dementsprechend. Unterscheiden Sie daher beim Schreiben Ihrer E-Mail, ob Sie mit einem Experten oder Laien, mit einem erfahrenen Kollegen oder Berufsneuling, mit einem langjährigen Kunden oder einem Interessenten kommunizieren. Grundsätzlich gilt: Der Empfänger bestimmt Inhalt, Umfang und Wortwahl Ihres E-Mail-Textes!

> Ihr Empfänger als Kunde oder Partner steht im Mittelpunkt. Machen Sie ihm deutlich, dass Sie sein Anliegen ernst nehmen und sich damit beschäftigen. Schreiben Sie stets empfängerorientiert, indem Sie konsequent beim „Sie"-Stil bleiben und das unpersönliche „man" meiden.

Bringen Sie den empfängerorientierten Stil zum Ausdruck, indem Sie mit dem Wort „Sie" beginnen. Daran schließen Sie das Verb an, das beschreibt, was der Empfänger möchte:
- „Sie möchten Informationen zum Thema ..."
- „Sie bieten an ..."
- „Sie reklamierten ..."
- „Sie informierten ..."

Die Dinge auf den Punkt bringen
Kennen Sie das: Nach dem Lesen einer langen Mail wissen Sie nicht, was der Absender von Ihnen möchte? Vermeiden Sie es möglichst, dieses Gefühl bei Ihrem Empfänger auszulösen.

> Bringen Sie die Dinge auf den Punkt. Drücken Sie Ihr Anliegen direktiv aus.

Lassen Sie keinerlei Deutungsspielräume zu, sondern schreiben Sie klar und deutlich, was Sie bis wann erwarten. Fassen Sie sich dabei dennoch kurz. Eine E-Mail, die ohne Scrollen gelesen werden kann, kommt beim Empfänger gut an. Der Empfänger sollte beim Lesen nur scrollen müssen, um die Signatur lesen zu können. Hier gilt: „Weniger ist mehr!" Achten Sie aber doch darauf, dass Ihre Ausführungen inhaltlich vollständig und korrekt sind. Damit vermeiden Sie unnötige Rückfragen. Wollen Sie eine längere Nachricht senden, so verfassen Sie ein Dokument, das Sie der E-Mail als Anlage beifügen.

Verständliche E-Mail
Bei aller Kürze und Knappheit, sollten Sie dennoch stets darauf achten, dass Ihre E-Mail verständlich bleibt.
Für Schulz von Thun ist Verständlichkeit „eine Eigenschaft von Informationstexten, die in vier Bereiche zerfällt (...):
- Einfachheit,
- Gliederung/Ordnung,
- Kürze/ Prägnanz und
- zusätzliche Stimulanz.

Versuchen Sie, diese vier Verständlichmacher auch beim Verfassen Ihrer E-Mail-Texte zu berücksichtigen!

Eine E-Mail – ein Thema
Sprechen Sie pro Mail jeweils nur ein Thema an. Die Gründe:
- Sie vermeiden Probleme beim Weiterleiten. Muss Ihr Mail-Partner Dinge zu den einzelnen Themen unterschiedlich weiterleiten, ersparen Sie ihm das Trennen oder verhindern die Informationslawine, wenn er alles weiterschickt.
- Es ist sowohl für Sie als auch für Ihren Empfänger leichter, die E-Mail der Ablage zuzuordnen und wiederzufinden, da Sie den Betreff präziser formulieren können.
- Sie vermeiden – analog zur Ablage – organisatorische Schwierigkeiten mit der Wiedervorlage.
- Mehrere Themen erfordern auch im Betreff Differenzierung, was unübersichtlich und lang würde.

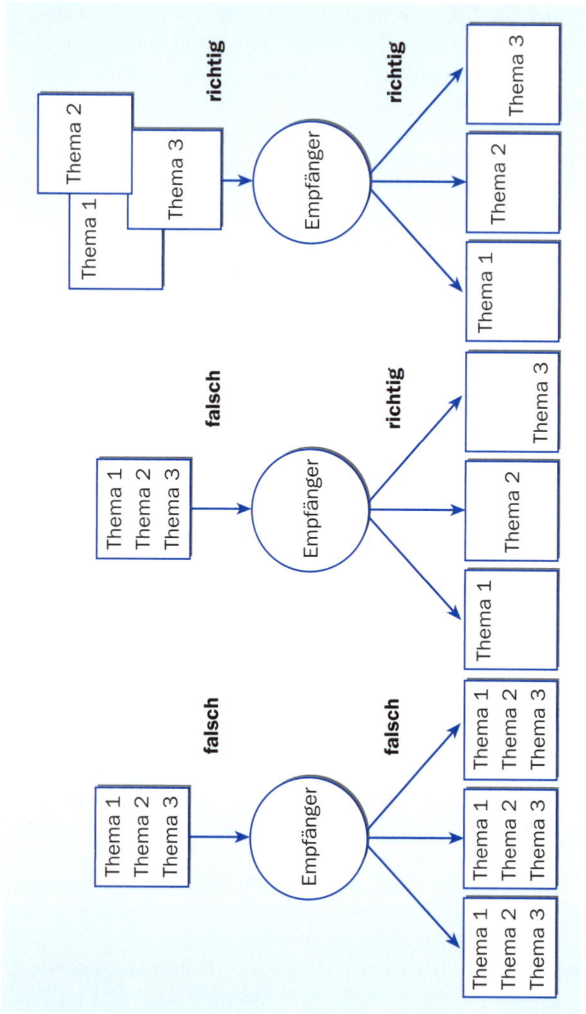

Thema 1
Thema 2
Thema 3
falsch
Empfänger
falsch
Thema 1
Thema 2
Thema 3
Thema 1
Thema 2
Thema 3
Thema 1
Thema 2
Thema 3
Thema 1
Thema 2
Thema 3
falsch
Empfänger
richtig
Thema 1
Thema 2
Thema 3
Thema 1
Thema 2
Thema 3
richtig
Empfänger
richtig
Thema 1
Thema 2
Thema 3

Richtig zitieren

Eine praktische Funktion bei der E-Mail-Kommunikation ist das Zitieren. Antworten Sie über die Schaltfläche „Antworten" auf eine E-Mail, so wird der Ursprungstext in Ihre Antwort eingefügt und mit einem „>" gekennzeichnet (vorausgesetzt Ihr E-Mail-Programm ist entsprechend konfiguriert ⇥).

Beziehen Sie sich in Ihrer Antwort auf Inhalte des Absenders, so zitieren Sie aus dem Originaltext. Gewöhnen Sie sich an, nur gerade so viel Originaltext stehen zu lassen, dass dem Leser der Zusammenhang nicht verloren geht. Löschen Sie aber nicht den ganzen Text heraus. Der Leser hat die Information, auf die Sie sich beziehen, höchstwahrscheinlich nicht mehr exakt in Erinnerung und deswegen große Mühe, ohne Anhaltspunkte Ihren Ausführungen zu folgen. Über Zitate können Sie so klare Bezüge herstellen und eine indirekte Wiederholung der Fragestellung vermeiden. Beachten Sie beim Zitieren:

- ◆ Beziehen Sie sich in Ihrer Antwort nicht auf den Ursprungstext, so löschen Sie diesen komplett heraus.
- ◆ Halten Sie beim Zitieren die normale Leserichtung ein: von oben nach unten. Dies ist besonders dann geeignet, wenn Sie per E-Mail gestellte Fragen beantworten wollen. Zitieren Sie hierzu die Fragen und schreiben Sie Ihre Antwort unter die jeweilige Frage.
- ◆ Löschen Sie unnötige Textteile, die für das Verständnis ohne Bedeutung sind. Damit erhöhen Sie die Übersichtlichkeit.

Rechtschreibung und Grammatik

Korrekte Rechtschreibung und Grammatik wird auch in E-Mails vorausgesetzt. E-Mail ist kein Medium, bei dem Sie einfach drauflosschreiben können, ohne die Regeln der Rechtschreibung und Grammatik zu beachten. Dies gilt ganz besonders auch, wenn Sie E-Mails als Geschäftsbriefersatz verwenden. Zur korrekten Rechtschreibung gehört auch, dass Sie den Rechtschreibregeln entsprechend Groß- und Kleinbuchstaben verwenden.

Abkürzungen

Vermeiden Sie grundsätzlich Abkürzungen, wenn Sie nicht genau wissen, ob diese zum Sprachgebrauch des Empfängers gehören. Abkürzungen wirken arrogant und unhöflich.

Wie viel kann man auf die Freundlichkeit des Absenders geben, wenn er sich nicht einmal die Zeit nimmt die Grußformel „Mit freundlichen Grüßen" auszuschreiben, sondern nur „mfg" tippt? Zudem wird die beim Schreiben eingesparte Zeit durch mangelndes Verständnis beim Empfänger doch wieder verschwendet.

> Eine Ausnahme stellt die firmeninterne Kommunikation dar. Hier kann es sich als durchaus hilfreich und zeitsparend erweisen, mit einigen Abkürzungen schriftlich zu kommunizieren. Diese müssen jedoch allgemein bekannt sein.

3. Gruß

Ebenso wie eine höfliche E-Mail eine Anrede braucht, gehört auch der Gruß dazu. Als Grußformel ist meist das förmliche „Mit freundlichen Grüßen" anzutreffen. Je nach Empfänger kann der Gruß aber auch moderner gestaltet sein.

Wie bei der Anrede auch gibt es zahlreiche Varianten:
- Freundliche Grüße
- Mit sonnigen Grüßen aus Stuttgart
- Beste Grüße nach Hamburg
- Bis bald
- Ich grüße Sie herzlich
- Mit kollegialen Grüßen

Für welche Variante Sie sich entscheiden, sollten Sie von folgenden Faktoren abhängig machen:
1. **Vertrautheit**: Wie gut kennen Sie den Empfänger? Wie vertraut sind Sie mit dem Empfänger?
2. **Anlass**: Was ist der Anlass Ihres Schreibens? Was bezwecken Sie mit dem Schreiben?

3. Stimmung: In welcher Stimmungslage sind Sie während des Schreibens der E-Mail?

Eine weit verbreitete Unsitte ist das soeben schon bei Abkürzungen angesprochene „MfG" (Mit freundlichen Grüßen). Nehmen Sie sich unbedingt die Zeit, diese drei Wörter auszuschreiben und verzichten Sie auf dieses Kürzel.
Nach der Grußformel sollten Sie mit Ihrem vollständigen Namen (Vor- und Familienname) unterschreiben, da diese Information nicht immer vollständig aus der E-Mail-Adresse des Senders hervorgeht. Dadurch ermöglichen Sie dem Empfänger, Sie bei einer Rückantwort korrekt mit Herr oder Frau anzusprechen.

4. Signatur

Beenden Sie Ihre Mail stets mit der Angabe Ihrer Kontaktdaten. Nahezu alle E-Mail-Programme ermöglichen es, diesen Standardtext über vorgefertigte Textmodule, so genannte Signaturen, zu erstellen und einzufügen ➔.
In die Signatur können Sie neben Ihren Kontaktdaten auch die Grußformel und Ihren Namen einbinden. Das erspart Ihnen Zeit. Sie können damit Grußformel, Name und Kontaktdaten automatisch ➔ oder mittels eines Befehls ➔ an das Ende Ihrer E-Mail anfügen.

> Erstellen Sie mehrere Signaturen. Damit können Sie je nach E-Mail-Art (privat oder geschäftlich) oder Anlass (Geburtstags-Mail an Freunde, Anfordern von Werbematerial) unterschiedliche Angaben machen.

Ein Beispiel einer (geschäftlichen) Signatur finden Sie auf der nächsten Seite abgedruckt.

Die Signatur einer E-Mail kann ein fester Bestandteil der Corporate Identity eines Unternehmens sein. In diesem Fall haben die Signaturen aller Mitarbeiter des Unternehmens ein einheitliches Erscheinungsbild.

Inhalt der Signatur

Die Signatur kann folgende Elemente enthalten:
- Name Ihrer Firma
- evtl. Ihre Kernkompetenz
- Postadresse, Telefon- und Faxnummer
- E-Mail-Adresse
- Link auf die Homepage Ihrer Firma

Hier ein Beispiel:

Mit freundlichen Grüßen
Bernhard Riedl

Fantasiefirma AG
Vorstellungsstraße 49
80800 München
Tel.: (089) xxxx-xx
Fax: (089) xxxx-xx

mailto:riedl@fantasiefirma.de
http://www.fantasiefirma.de

Gibt es in Ihrem Unternehmen keine einheitliche Richtlinie, wie die Signatur zu gestalten ist, bleibt es Ihnen überlassen, welche Informationen Sie in die Signatur mit aufnehmen.

Die äußere Form der Signatur

Beachten Sie beim Erstellen Ihrer Signatur die äußere Form:
- Die Signatur sollte einfach, klar strukturiert sein. Damit erweckt sie den Eindruck einer Art „Visitenkarte".
- Eine Trennlinie, der so genannte Signaturtrenner, hebt die Signatur optisch vom Text Ihrer E-Mail ab.
- Richten Sie die Signatur linksbündig aus – sie wirkt so am besten.

- Bei Angabe Ihrer Homepage, geben Sie die komplette URL mit „http://..." ein. Damit kann das E-Mail-Programm des Empfängers sie als Link erkennen, so dass sie vom Empfänger direkt angeklickt werden kann.
- Setzen Sie der E-Mail-Adresse ein „mailto:" voran. Beim Anklicken öffnet sich ein entsprechendes Mailfenster.

3.2 Äußere Form

E-Mails können leichter gelesen werden, wenn sie klar strukturiert sind. Dabei ist eine gut strukturierte E-Mail nur ein Kriterium für eine ansprechende äußere Form.

Formale Anforderungen an eine E-Mail

Überlegen Sie zunächst selbst, welche formalen Erwartungen Sie an eine E-Mail haben, die Sie versenden: Welchen Anforderungen soll die E-Mail beim Sender gerecht werden? Notieren Sie auf einem Blatt Papier.

Vergleichen Sie Ihre Ergebnisse mit unserem Vorschlag: Wir sehen die Punkte Lesbarkeit, Druckbarkeit, ggf. Unveränderbarkeit (urkundenähnliche Eigenschaft), Übersichtlichkeit, Orientierung am Corporate Identity Ihrer Firma, anklickbare Links. Doch was müssen Sie tun, um diese Punkte zu gewährleisten? Wir gehen im Einzelnen durch:

Die E-Mail ist lesbar

Wichtigstes formales Kriterium stellt die Lesbarkeit einer E-Mail dar. Diese bezieht sich sowohl auf den Text als auch auf die Anlagen. Ist die E-Mail für den Empfänger schwer oder gar nicht zu lesen, wird er kaum Zeit investieren, es zu versuchen.

Die E-Mail ist druckbar

Wird eine E-Mail ausgedruckt, so soll die Druckversion zum einen möglichst genau so aussehen wie die E-Mail auf dem Bildschirm, ohne dass wichtige Informationen verloren gehen.

Zum anderen ist es wichtig, dass auch die Druckversion der E-Mail gut lesbar ist. Bitte beachten Sie dabei folgende Aspekte:

◆ **Umbrüche**
Verzichten Sie beim Schreiben einer E-Mail innerhalb eines Satzes auf harte Umbrüche, die Sie mit der Enter-Taste erzeugen. Stellen Sie stattdessen in Ihren E-Mail-Optionen ein, dass die Software automatisch einen Textumbruch nach maximal 76 Zeichen vornimmt. Auf Grund dieser Zeilenlänge ist das Lesen der E-Mail sowohl auf dem Bildschirm als auch in der Druckversion angenehm.

◆ **Anlagen**
Bitte beachten Sie, dass in einigen E-Mail-Programmen (z.B. Outlook) beim Ausdrucken von E-Mails, die im HTML-Format verfasst sind, kein Hinweis auf mögliche Anlagen ersichtlich wird.

◆ **Verteiler**
Beim Drucken einer E-Mail, die im „An"- oder im „CC"-Feld viele weitere Empfänger stehen hat, erscheinen alle anderen Empfänger ebenfalls auf diesem Ausdruck. Die ausgedruckte E-Mail verliert so erheblich an Übersichtlichkeit.

◆ **Form**
Möchten Sie, dass Ihre E-Mail eine ganz bestimmte Form haben soll (z.B. ein Angebot, das der Corporate Identity Ihrer Firma entspricht), müssen Sie das Dokument als Anlage in einem layoutgetreuen Format, z.B. PDF, versenden.

Die E-Mail ist (nicht) veränderbar

In E-Mails gibt es keinen Schreibschutz, wie dies z.B. bei PDF-Dokumenten möglich ist. Eine E-Mail kann somit vom Empfänger meistens verändert werden.
Möchten Sie dennoch, dass der Empfänger Ihre Nachricht nicht ändern kann, müssen Sie sie als Anhang versenden. Dieser Anhang muss schreibgeschützt sein.
Vorsicht, auch PDF-Dateien lassen sich verändern, wenn sie nicht extra mit einem Schutz versehen werden.

Die E-Mail ist übersichtlich

Verleihen Sie Ihrer E-Mail eine übersichtliche Struktur, arbeiten Sie mit Absätzen.

- Trennen Sie Anrede und Gruß mittels einer Leerzeile vom Textkörper.
- Beginnen Sie nach vier bis fünf Zeilen mit einem neuen Abschnitt. Achten Sie dabei auf Sinnzusammenhänge. Sie können durchaus auch einmal einen Satz in einer Zeile alleine stehen lassen.
- Verwenden Sie Aufzählungen und kennzeichnen Sie die einzelnen Aufzählungspunkte mit einem Aufzählungszeichen, mit einem neuen Punkt (z.B. Spiegelstrich -).
- Fügen Sie Zwischenüberschriften ein.

Die E-Mail entspricht der Corporate Identity Ihrer Firma

Die Corporate Identity einer Firma umfasst unter anderem Aspekte wie das Firmenlogo, eine bestimmte Schriftfarbe und Schriftart.

Viele dieser Merkmale sind über eine E-Mail nicht transportierbar, da beispielsweise nur bestimmte Schriftarten per E-Mail übertragen werden können.

Soll eine Nachricht, die Sie per E-Mail versenden wollen, voll der Corporate Identity Ihrer Firma oder Institution entsprechen, so müssen Sie diese als Dokument im Anhang einer E-Mail verschicken.

Alle Links innerhalb der E-Mail sind anklickbar

Enthält Ihre E-Mail Links (z.B. in Ihrer Signatur), so achten Sie bitte darauf, dass der Empfänger sie anklicken kann:

- Geben Sie die komplette URL mit „http://..." (z.B. http://moreoffice.de) ein. Damit kann das E-Mail-Programm des Empfängers die Adresse als Link erkennen.
- Setzen Sie der E-Mail-Adresse ein „mailto:" (z.B. mailto:info@moreoffice.de) voran. Beim Anklicken öffnet sich ein entsprechendes Mailfenster.

E-Mail-Format

Das gewählte Format Ihrer E-Mail kann über die Lesbarkeit einer E-Mail entscheiden. Es gibt für E-Mails zwei gängige Formate: den reinen Text im so genannten ASCII-Format (Nur-Text-Format) einerseits, andererseits das HTML-Format:

1. HTML-Format

Beim HTML-Format werden E-Mails nach den gleichen Regeln wie eine Web-Seite formatiert.
Das HTML-Format ermöglicht:
- das Formatieren von Text (verschiedene Farben, Schriftarten und Schriftgestaltung),
- die Einbindung von Tabellen und Grafiken (Logos, Fotos, Banner).

Eine E-Mail im HTML-Format kann bei entsprechender Gestaltung sehr viel ansprechender wirken als eine reine Text-E-Mail. Jedoch bringt das HTML-Format auch Nachteile mit sich:
- HTML-E-Mails sehen mitunter beim Empfänger ganz anders aus, als vom Absender gewollt. Nutzt der Empfänger andere Formatierungsbedingungen als die empfangene E-Mail es erfordert, so kann die E-Mail zum Teil völlig unleserlich ankommen.
- E-Mails im HTML-Format haben einen weitaus größeren Datenumfang als reine Text-E-Mails. Damit dauert sowohl das Versenden als auch das Empfangen einer E-Mail länger. Je größer, aufwändiger oder verspielter die enthaltenen Grafiken sind, umso größer wird die E-Mail.

2. ASCII-Format

Rein optisch kann eine E-Mail im ASCII-Format nicht mithalten. In diesem Format sind keinerlei Textgestaltungsmöglichkeiten gegeben. Aber:
- E-Mails im Nur-Text-Format können von allen E-Mail-Programmen gelesen werden und
- sie benötigen bedeutend weniger Speicherplatz.

Welches Format Sie wählen, sollten Sie davon abhängig machen, ob Sie an interne oder externe Empfänger schreiben.

- ◆ **Interne Empfänger:** Wählen Sie das Format, das von dem E-Mail-Programm Ihres Empfängers standardmäßig unterstützt wird.
- ◆ **Externe Empfänger:** Um bei externen Empfängern sicherzustellen, dass sie die E-Mail auch lesen können, sollten Sie Ihre E-Mail im ASCII-Format versenden. Auch konvertieren viele Programme beim Versand einer Nachricht an Benutzer außerhalb Ihres Mail-Servers die E-Mail standardmäßig ins Nur-Text-Format, um zu gewährleisten, dass jeder Empfänger die Nachricht lesen kann, egal welches E-Mail-Programm er einsetzt. Inzwischen wird jedoch auch das HTML-Format von vielen E-Mail-Programmen unterstützt. Untereinander bekannte Geschäftspartner können daher beim Austausch von E-Mails wegen der besseren Gestaltungsmöglichkeiten das HTML-Format vereinbaren.

Anlagen der E-Mail

Insgesamt können verschiedene Arten von Anlagen unterschieden werden:
- ◆ Dateien,
- ◆ Elemente,
- ◆ eingebettete Objekte,
- ◆ Verknüpfungen.

Dateien in eine E-Mail einfügen

Die Möglichkeit an eine E-Mail Dateien anzuhängen ist sehr praktisch. Damit können E-Mails um Excel-Tabellen, Word-Dokumente oder Bilder ergänzt werden, so dass die Nachricht eine ganz andere Qualität bekommt. Um jedoch zum Kommunikationsprozess beitragen zu können, muss der Empfänger die angehängte Datei auch lesen können. Eine Datei zu versenden macht nur dann Sinn, wenn der Empfänger ebenfalls über ein Programm verfügt, mit dem er die Datei lesen kann. Ist dies nicht der Fall, so ist die angehängte Datei für den Empfänger wertlos. Nicht nur das Programm an sich, sondern auch die Programmversion kann für die Lesbarkeit von Bedeutung sein. Nicht immer ist zwischen unterschiedlichen Programmversionen die notwendige Kompatibilität gewährleistet.

Bitte bedenken Sie: Fügen Sie eine Datei als Anlage einer E-Mail bei, so wird diese kopiert. Das bedeutet: Der Empfänger arbeitet an einer Kopie der Datei, es entsteht eine zusätzliche Serverbelastung und die Integration der Veränderungen ist unter Umständen aufwändig.

Elemente in eine E-Mail einfügen

Sie können in Ihre E-Mail nicht nur Dateien, sondern auch Elemente aus Ihrem E-Mail-Programm einfügen. Dies können z.B. sein: Termine, Aufgaben, andere E-Mails etc.

Eingebettete Objekte

Die dritte Möglichkeit, Anlagen in eine E-Mail einzufügen, besteht darin, Objekte direkt in die E-Mail einzubetten. Zum Beispiel: Möchten Sie Ihrem E-Mail-Partner einen Bildschirmabzug zukommen lassen, so können Sie diesen in Ihren E-Mail-Text mit einfügen.

Bitte beachten Sie jedoch:
- Ihr E-Mail-Partner kann diesen Bildschirmabzug nur dann sehen, wenn sein E-Mail-Programm E-Mails im HTML-Format zulässt.
- Der Bildschirmabzug geht bereits beim Versand der E-Mail verloren, wenn Ihr E-Mail-Programm die ausgehende E-Mail ins Nur-Text-Format oder ins HTML-Format konvertiert.

Verknüpfungen

Verknüpfungen sind Verweise auf Dateien, Internetadressen oder andere Elemente. Das bedeutet, der Empfänger kann über diesen Verweis beispielsweise auf eine Datei zugreifen, ohne dass diese kopiert und der E-Mail tatsächlich beigefügt wurde. Mittels eines Hyperlinks auf die Datei kann der Empfänger somit direkt auf die Originaldatei zugreifen, vorausgesetzt er hat die notwendigen Rechte dafür.

In eine E-Mail können aber nicht nur Hyperlinks auf Dateien eingefügt werden. Möglich sind auch Hyperlinks auf andere E-Mails oder Internetadressen. Fügen Sie einen Hyperlink auf eine Internetadresse ein, so denken Sie daran, dass diese bereits aus der E-Mail heraus anklickbar sein sollte. Beginnen Sie die URL hierzu mit „http://..." (z.B. http://moreoffice.de).

Anlagen bearbeiten und zurückschicken

Möchten Sie eine Anlage bearbeitet zurückschicken, sollten Sie diese grundsätzlich aus der E-Mail herausnehmen und im Dateisystem abspeichern. Die Anlage ist somit in Ihrem Dateisystem gesichert und kann aus der Nachricht gelöscht werden. Dies verringert zusätzlich den Platzbedarf in Ihrem Postfach erheblich.

Möchten Sie eine veränderte Anlage dem Absender zurückschicken, gehen Sie so vor: Beantworten Sie die E-Mail über die Antworten-Schaltfläche. Dabei wird die ursprüngliche Anlage aus der E-Mail entfernt. Nun können Sie die veränderte Anlage, die Sie im Dateisystem gespeichert haben, der E-Mail neu beifügen.

E-Mail-Optionen

Einige E-Mail-Programme bieten die Möglichkeit, E-Mails über zusätzliche Optionen und Einstellungen zu kennzeichnen. Diese erscheinen häufig abgesetzt im E-Mail-Kopf. Folgende Zusatzeinstellungen sind gebräuchlich:

1. Vertraulichkeit

In nahezu allen Mailsystemen lässt sich der Vertraulichkeitsgrad einer E-Mail einstellen.
Möglich sind hierbei z.B.:

- ◆ Normal
- ◆ Persönlich
- ◆ Privat
- ◆ Vertraulich

Bitte beachten Sie:
- ◆ Die Vertraulichkeit „Privat" führt dazu, dass der Vertreter des Empfängers diese Nachricht nicht sieht. „Persönlich" oder „Vertraulich" ziehen normalerweise keine derartigen Konsequenzen nach sich.
- ◆ Sie können den Vertraulichkeitsgrad manuell oder automatisch für alle Nachrichten, die Sie senden, einstellen und mit der gleichen Vertraulichkeitsstufe versehen. Generell werden E-Mails mit der Vertraulichkeit „Normal" versendet.

2. Wichtigkeit

E-Mails können nach dem Grad Ihrer Wichtigkeit gekennzeichnet werden:
- ◆ Um eine Nachricht als sehr wichtig zu markieren, setzen Sie die Wichtigkeit auf „Hoch".
- ◆ Um eine Nachricht als weniger wichtig zu markieren, setzen Sie die Wichtigkeit auf „Niedrig".

Anmerkung
Problematisch an dieser Wichtigkeitsstufe ist, dass kaum jemand seine E-Mail als „unwichtig" bezeichnet. Hieße dieses Symbol „Dringlichkeit" anstelle von „Wichtigkeit", könnte es für E-Mails eingesetzt werden, die nicht ganz so dringend sind.
- ◆ Um das Symbol für die Wichtigkeitsstufe von einer E-Mail zu entfernen, setzen Sie die Wichtigkeit auf „Normal". Diese ist standardmäßig für alle E-Mails eingestellt.

3. Empfangsbestätigung/Übermittlungsbestätigung

Moderne E-Mail-Systeme bieten die Möglichkeit, wie beim Einschreiben mit Rückschein, eine Bestätigung darüber zu erhalten, dass der Empfänger die Nachricht erhalten hat. Diese

Bestätigung wird auf Anforderung vom E-Mail-System des Empfängers verschickt, wenn die E-Mail in dessen Postfach abgelegt wird.

4. Lesebestätigung

Neben der Empfangsbestätigung kann eine weitere Bestätigung vom E-Mail-System des Empfängers angefordert werden: die Lesebestätigung. Diese wird verschickt, wenn die E-Mail geöffnet wird.

Achtung
- Geöffnet ist nicht gleichbedeutend mit gelesen. Eine E-Mail gilt unter Umständen bereits dann als geöffnet, wenn die E-Mail im Vorschaufenster angezeigt wird.
- Das Versenden von Lesebestätigungen ist abhängig von Einstellungen in dem E-Mail-System Ihres Empfängers:
  - Lesebestätigungen werden nur im RTF-Format verschickt. Konvertiert Ihr E-Mail-System die E-Mail ins HTML-Format, so wird keine Lesebestätigung verschickt.
  - Lesebestätigungen werden auch dann nicht verschickt, wenn der Empfänger diese Funktion deaktiviert hat.

Leider kommt es häufig vor, dass eine Nachricht versehentlich geöffnet, aber nicht gelesen wird. Die Nachricht wird somit als gelesen markiert und die angeforderte Lesebestätigung verschickt. Dies hat folgende Nachteile:
- Der Empfänger denkt, er hätte die Nachricht schon gelesen, und
- der Absender erhält die Lesebestätigung, obwohl der Empfänger die Nachricht noch gar nicht gelesen hat.

Übermitteln Sie nach allem Gesagten wichtige oder dringende Informationen daher zur Sicherheit persönlich oder per Telefon bzw. fordern Sie den Empfänger auf, Ihnen eine Antwort zuzuschicken.

Der Versand von Lesebestätigungen wird zudem nur von wenigen E-Mail-Systemen unterstützt.

5. Abstimmungsschaltflächen

In manchen Programmen gibt es Abstimmungsschaltflächen, bei denen der Empfänger aus einer vorgegebenen Liste von Antworten auswählen kann. Für den Empfänger hat dies den Vorteil, dass er nichts schreiben und sich auch keine Gedanken über Höflichkeitsformeln machen muss.
Aber auch für den Absender ist dies von Vorteil: Er erhält meistens sehr viel schneller eine Antwort und kann diese automatisch auswerten.

Achtung
- Formulieren Sie die Beschriftung der Schaltflächen so, dass jeder Antwortende seine Antwort über eine Schaltfläche abgeben kann. Meist können nämlich nicht mehrere Schaltflächen auf einmal ausgewählt werden.
- Die Abstimmungsschaltflächen sind im Vorschaufenster nicht zu sehen und vielen E-Mail-Benutzern fallen die Schaltflächen gar nicht auf. Um sicher zu gehen, dass der Empfänger auch über die Schaltflächen antwortet, sollten Sie im E-Mail-Text darauf hinweisen.

6. Verfallsdatum

Nachrichten, die auf einen bestimmten Termin hinweisen, deren Bearbeitung in einem gewissen Zeitraum erfolgen soll oder die nur in einer festgelegten Zeitspanne bedeutsam sind, können Sie mit einem Verfallsdatum versehen.
Abhängig von Einstellungen und E-Mail-System wird mit einer „verfallenen" E-Mail unterschiedlich verfahren:
- Die E-Mail wird nach Ablauf dieser Frist als erledigt gekennzeichnet, indem sie durchgestrichen wird.
- Die E-Mail kann bei der Archivierung gelöscht werden.
- Hat der Empfänger die Nachricht bis zum Verfallsdatum nicht geöffnet (z.B. weil er nicht da ist), wird die E-Mail

von Outlook zum Verfallsdatum automatisch gelöscht. Ausnahme: Die Nachricht wird ungelesen aus dem Posteingang in einen anderen Ordner verschoben.

Das Verfallsdatum kann sowohl vom Absender einer Nachricht als auch vom Empfänger vergeben werden. Wenn möglich, sollten Sie als Absender das Verfallsdatum selbst eintragen, um somit den Empfänger zu entlasten.

7. Antwort senden an

Der Absender kann veranlassen, dass Antworten auf eine E-Mail an eine andere Person gesendet werden. Beantwortet der Empfänger die E-Mail über die Antworten-Schaltfläche, so steht im „An"-Feld der E-Mail nicht der ursprüngliche Absender, sondern ein vom Absender eingetragener dritter Empfänger. Dabei kann der Absender entscheiden, ob er selbst auch eine Antwort erhalten möchte oder nicht.
Diese Einstellung funktioniert beim Empfänger, unabhängig davon, mit welchem E-Mail-System er arbeitet.

8. Weiterleitung verbieten

E-Mail-Benutzer, die mit Lotus Notes arbeiten, können mittels einer Einstellung unterbinden, dass der Empfänger die E-Mail weiterleiten kann. Die Schaltfläche „Weiterleiten" ist beim Empfänger somit deaktiviert – jedoch nur, wenn auch der Empfänger mit Lotus Notes arbeitet.
Benutzt er hingegen ein anderes E-Mail-Programm (z.B. Outlook), das diese Funktion nicht unterstützt, so kann die E-Mail sehr wohl weitergeleitet werden.

Zusammenfassung

Viele der beschriebenen E-Mail-Zusatzeinstellungen funktionieren bei externen Empfängern mit anderem E-Mail-Client und/oder -Server nicht.
Einschränkungen beim Versand von E-Mails an Empfänger mit anderem E-Mail-Client und/oder -Server gibt es bei den

Funktionen, die in nachfolgender Übersicht zusammengestellt sind.

Funktion	Einschränkung
Empfangsbestätigung	funktioniert meistens, aber nicht immer
Lesebestätigung	geht nicht
Abstimmungsschaltflächen	geht nicht
Verfallsdatum	geht nicht
Formatierungen in der Nachricht	geht meistens
Sonderzeichen, auch Umlaute	geht manchmal nicht

3.3 Der Empfänger

Beim Adressieren einer E-Mail gibt es mehr als nur ein Feld, in das Sie die E-Mail-Adresse des Empfängers eintragen können:
1. An:
2. CC: (= Carbon Copy)
3. BCC: (= Blind Carbon Copy)

Zwar erhält der Empfänger die Nachricht unabhängig davon, in welches Feld Sie ihn eintragen, aber Sie treffen hierbei indirekt die Entscheidung, wie wichtig die E-Mail für den jeweiligen Empfänger ist. Zudem signalisieren Sie dem Empfänger, ob Sie eine Handlung von ihm erwarten oder ob er die E-Mail lediglich zur Kenntnis nehmen soll.

„An"-Feld

In das „An"-Feld geben Sie die E-Mail-Adresse des eigentlichen Adressaten ein. Die Nachricht wird dann direkt an ihn geschickt. Damit signalisieren Sie ihm, dass Sie von ihm eine Handlung erwarten. Diese kann sich auf das Erledigen einer Aufgabe beziehen oder nur auf die Beantwortung der E-Mail.

> Erwarten Sie von mehreren Adressaten eine Handlung, so schreiben Sie analog alle Adressen in das „An"-Feld. Damit ist diese E-Mail für alle Empfänger gleich wichtig.

Wählen Sie hier die alphabetische Reihenfolge nach dem Nachnamen, so dass sich keiner ungerechtfertigt an das Ende der Liste gesetzt fühlen kann.

Ist in Ihrem Unternehmen die Hierarchie besonders wichtig, so sollten Sie hierarchisch höher stehende Personen (z.B. Ihr Chef) zuerst nennen. Sortieren Sie Ihre Empfänger in diesem Fall innerhalb der Hierarchieebenen alphabetisch oder nennen Sie zuerst alle Frauen und dann alle Männer in alphabetischer Reihenfolge.

„CC"-Feld

Tragen Sie eine Adresse in das „CC"-Feld ein, so wird diesem Empfänger ein „Durchschlag" oder eine „Höflichkeitskopie" geschickt. Damit machen Sie deutlich, dass Sie den Empfänger lediglich informieren möchten. Der Empfänger kann auf diese E-Mail antworten, aber Sie erwarten es nicht.

„BCC"-Feld

Schreiben Sie eine Adresse in das „BCC"-Feld, so erhält diese Person eine Blindkopie der Nachricht, d.h., alle anderen Empfänger (unabhängig ob „CC"- oder „BCC"-Empfänger) können nicht sehen, dass jemand bzw. wer eine Blindkopie erhalten hat. Es handelt sich also um eine „geheime, blinde" Kopie. Auch von diesem Empfänger erwartet der Sender keine Handlung. Die E-Mail dient ihm lediglich zu seiner Information.
Das „BCC"-Feld wird häufig nicht nur dazu verwendet, Empfänger über einen Sachverhalt zu informieren, sondern auch, um Empfänger zu „verstecken". Dies ist z.B. der Fall, wenn sich Personen untereinander nicht kennen. Denn: Nicht jeder Empfänger ist davon begeistert, wenn seine E-Mail-Adresse ungefragt weitergegeben wird.

Damit entsteht aber für den Empfänger ein Bewertungsproblem. Er weiß nicht, ob die E-Mail lediglich zu seiner Information dient oder ob der Absender dennoch eine Handlung von ihm erwartet und den Empfänger lediglich „verstecken" wollte.

> Um Bewertungsprobleme zu vermeiden, verwenden Sie das „BCC"-Feld nur, wenn Sie den Empfänger informieren möchten, aber keine Handlung von ihm erwarten.

Ansonsten tragen Sie den Empfänger in das „An"-Feld ein. Möchten Sie die gleiche E-Mail an verschiedene Empfänger versenden und erwarten Sie von jedem E-Mail-Partner eine Handlung, wollen aber nicht, dass die Empfänger sich gegenseitig sehen, so senden Sie jedem eine eigene E-Mail. Dies ist zwar aufwändiger, vermeidet auf Seiten des Empfängers jedoch derartige Bewertungsprobleme. Zudem haben Sie so die Möglichkeit, die E-Mails zu personalisieren!

Reine Info-E-Mails

Möchten Sie alle Empfänger lediglich informieren, vermerken Sie deutlich, dass die E-Mail nur zur Information dient und Sie keine Handlung erwarten. Idealerweise weisen Sie die Empfänger gleich im Betreff darauf hin, indem Sie den Betreff mit „Zur Info: ..." beginnen. Tragen Sie die Empfänger aber trotzdem in das „CC"- oder „BCC"-Feld ein. Denn das „An"-Feld ist den Empfängern vorbehalten, von denen Sie eine Handlung erwarten.

Nachteilig wirkt sich die Verwendung des „BCC"-Feldes im Falle der Weiterleitung aus, da aus der E-Mail nicht ersichtlich wird, ob ein bestimmter Empfänger die E-Mail bereits erhalten hat. Personen, die sich über bestimmte Sachverhalte gegenseitig informieren möchten, leiten eine E-Mail an Ihren E-Mail-Partner weiter – mit dem Ergebnis, dass dieser möglicherweise Nachrichten erhält, die er schon BCC erhalten hat.

Adressierungs-Regeln

Über E-Mail können sehr schnell ohne große Mühe sehr viele Empfänger erreicht werden. Dies verleitet dazu, E-Mails an mehr Empfänger zu versenden, als wirklich notwendig. Wie sonst ist es zu erklären, dass sich immer mehr Menschen darüber beklagen, belanglose Nachrichten zu erhalten? Prüfen Sie daher vor dem Versenden einer E-Mail, ob Sie sich an die folgenden Regeln gehalten haben.

1. Überlegen Sie genau, was für wen von Bedeutung ist

Das einfache Versenden einer E-Mail an eine große Masse an Empfänger, führt häufig dazu, dass sich der Absender keine Gedanken mehr darüber macht, welche Information für wen von Bedeutung ist. Diese Aufgabe wird einfach an den Empfänger weiter delegiert, der seinerseits nun zu entscheiden hat, ob die E-Mail für ihn überhaupt Relevanz besitzt.

Beispiel
Ein Absender versendet ein Dokument mit 100 Seiten an 15 Personen mit der Bitte um Rückmeldung. Dabei möchte er von jedem Adressaten Rückmeldung zu einem ganz bestimmten Teil des Dokuments, schreibt dies aber nicht dazu, weil es für ihn zu aufwändig ist, mit der Folge, dass die Empfänger nicht wissen, dass sie nur einen ganz bestimmten Teil des Dokuments lesen und beurteilen sollen.

Überlegen Sie daher stets genau, für wen Ihre Nachricht wichtig ist, und spezifizieren Sie Ihre Anweisungen an den Empfänger. Senden Sie keine E-Mails an Empfänger, für die Ihre Nachricht ohne Bedeutung ist.

2. Überprüfen Sie den Standardverteiler

Über nahezu alle E-Mail-Programme lassen sich Standardverteiler definieren, die verschiedene Personen zu einer Gruppe zusammenfassen. Aus Bequemlichkeit werden häufig solche

Standardverteiler herangezogen, anstatt einen individuellen, auf die Nachricht abgestimmten Verteiler aufzustellen. Machen Sie sich daher bei jeder E-Mail erneut bewusst, für wen Ihre E-Mail von Nutzen ist und wer Ihre Informationen nicht braucht. Erstellen Sie abhängig von Ihrem Nachrichteninhalt einen individuellen Verteiler.

Verwenden Sie Verteilerlisten nicht, wenn die E-Mail nur von wenigen Adressaten der Verteilerliste eine Handlung einfordert, für den Großteil der Empfänger nur zur Information gedacht ist. Über die Verteilerliste gelangt die E-Mail an alle Empfänger über das „An"-Feld und signalisiert, dass von ihnen eine Handlung erwartet wird.

3. Holen Sie die Erlaubnis des Empfängers ein

Die Befürchtung, jemand könnte sich ausgegrenzt fühlen, ist eine weitere Ursache für zu große Verteiler.

Fragen Sie im Zweifelsfall bei dem Empfänger nach, bevor Sie ihn in einen Standardverteiler aufnehmen.

Damit machen Sie Ihrem Mailpartner deutlich, dass Sie bewusst kommunizieren.

4. Informieren Sie sich über Zuständigkeiten

Unterscheiden Sie beim Versenden von E-Mails an mehrere Empfänger genau zwischen „An" und „Kopie". Damit kann der Empfänger erkennen, ob Sie eine Handlung von ihm erwarten oder ob sie ihn „nur" informieren möchten.

Wissen sie nicht genau, wer zuständig ist, so vermeiden Sie dennoch, Ihre E-Mail an verschiedene Empfänger über das „An"-Feld zu versenden. Damit geben Sie die Entscheidung aus der Hand, wer die von Ihnen formulierte Aufgabe übernimmt. Im besten Fall wird die Aufgabe von allen Adressaten bearbeitet, im schlimmsten Fall von keinem.

Machen Sie sich daher kundig, wer zuständig ist. Sie haben mehr davon, wenn Sie präzise kommunizieren.

3.4 Ablauf E-Mail-Versand

Analog zum Ablauf der E-Mail-Bearbeitung gibt es natürlich auch beim Schreiben und Versenden einer E-Mail einen Ablaufplan. Dieser besteht aus den Elementen in der folgenden Abbildung:

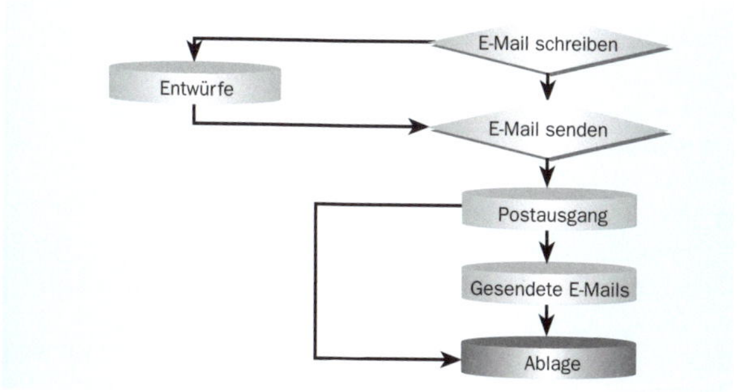

Entwurfsordner

Viele E-Mail-Programme bieten die Möglichkeit, noch nicht fertig gestellte E-Mails in einem Entwurfsordner abzuspeichern ⮕. In diesem Ordner verbleiben die E-Mails, bis sie über die Senden-Schaltfläche tatsächlich versandt werden.
Möchten Sie eine E-Mail also zu einem späteren Zeitpunkt fertig stellen, so speichern Sie diese in Ihrem Entwurfsordner.

Auch Nachrichten, an denen Sie gegenwärtig arbeiten, werden automatisch im Ordner Entwürfe abgespeichert. Sowohl Speicherturnus als auch Speicherort können hierbei individuell verändert werden ⮕. Das bedeutet: Möchten Sie E-Mails, an denen Sie gerade arbeiten, nicht im Ordner Entwürfe, sondern in einem anderen Ordner speichern, so ändern Sie einfach die entsprechenden Einstellungen in Ihren E-Mail-Optionen. Darüber hinaus kann die automatische Speicherung auch komplett deaktiviert werden ⮕.

Um die E-Mail zu einem späteren Zeitpunkt zu bearbeiten oder zu versenden, muss die Nachricht erst wieder geöffnet werden. Über die Schaltfläche „Senden" wird die E-Mail anschließend versandt und vom Entwurfsordner in den Postausgangsordner verschoben.

Postausgangsordner

Nach dem Schreiben einer E-Mail muss auf die Schaltfläche „Senden" geklickt werden, um die E-Mail zu versenden. Daraufhin wird die E-Mail automatisch in den Postausgangsordner verschoben, bis sie übermittelt wird. Unterscheiden Sie hierbei folgende Fälle:

- Sie versenden eine E-Mail aus dem Firmennetz: Senden Sie eine E-Mail von Ihrem Rechner in der Firma, wird diese sofort an den Postausgangsordner weitergeleitet, wenn Ihr Rechner am Mail-Server online ist.
- Sie versenden die E-Mail von zu Hause oder von unterwegs: Senden Sie eine E-Mail von unterwegs, dann ist Ihr Rechner am Mail-Server offline. Die E-Mail wird erst dann übermittelt, wenn Sie mit Ihrem Rechner wieder online gehen.
- Zeitverzögertes Senden: Beim zeitverzögerten Senden bleibt die E-Mail bis zum Versand im Postausgangsordner liegen. Über die Eingabe von Datum und Uhrzeit können Sie einen gewünschten Übermittlungstermin angeben.

Bitte beachten Sie:
E-Mails, die sich im Postausgangsordner befinden, sind noch nicht an den Empfänger versandt. Wird die E-Mail übermittelt, so wird standardmäßig eine Kopie der E-Mail im Ordner für gesendete E-Mails gespeichert. Wenn Sie eine E-Mail im Postausgangsordner öffnen und dann wieder schließen, wird die E-Mail in vielen E-Mail-Programmen nicht mehr an den Mail-Server übermittelt. Sie liegt zwar im Postausgangsordner, da Sie aber nicht noch mal auf „Senden" geklickt haben, ist sie nicht mehr für den Versand vorbereitet.

Haben Sie also eine E-Mail aus dem Postausgangsordner wieder geöffnet, so klicken Sie unbedingt erneut auf „Senden" um die E-Mail für den Versand freizugeben.

Ordner für gesendete E-Mails

Nach der Übermittlung einer E-Mail wird eine Kopie der Nachricht im Ordner für gesendete E-Mails gespeichert. Ausgehende E-Mails verbleiben standardmäßig in diesen Ordner, bis sie abgelegt, archiviert oder gelöscht werden.

Ablage

Die Ablage besteht grundsätzlich aus drei Teilen:
1. Aus einem gut durchdachten, auf Ihren Arbeitsbereich zugeschnittenen Ablagesystem,
2. dem konsequenten und regelmäßigen Ablegen von E-Mails,
3. dem geplanten Verändern der Ablagesystematik und dem Anpassen der Zuordnungsmerkmale der einzelnen Ordnungskategorien.

Zum konsequenten und regelmäßigen Ablegen gehört auch das Ablegen ausgehender E-Mails. Führen Sie beispielsweise eine wichtige Diskussion mit einem Kunden per E-Mail, so sollten Sie auch Ihre versendeten E-Mails mit aufbewahren, um die Korrespondenz später komplett nachvollziehen zu können. Ausgehende E-Mails können auf unterschiedliche Art und Weise abgelegt werden:

- ◆ E-Mail versenden, anschließend ablegen: Nach dem Versenden einer E-Mail finden Sie diese im Ordner für gesendete E-Mails. Speichern Sie die E-Mail von dort aus in Ihrer Ablage.
- ◆ E-Mail beim Versenden ablegen: In Outlook oder Lotus Notes können E-Mails beim Versand in die Ablage verschoben werden. Die E-Mail wird hierbei nicht in den gesendeten E-Mails gespeichert, sondern in dem von Ihnen angegebenen

Ordner in Ihrer E-Mail-Ablage ➡. In Lotus Notes besteht die Möglichkeit, die E-Mail durch „Hinzufügen" als Verknüpfung zu einem Ablage-Ordner hinzuzufügen.

ACHTUNG: E-Mails können hierbei nur innerhalb des Postfachs abgelegt werden. Befindet sich Ihre E-Mail-Ablage im Dateisystem, ist das Ablegen beim Versenden dorthin nicht möglich.

◆ Keine Kopien der versendeten Nachricht: Standardmäßig erhalten Sie beim Versenden einer E-Mail eine Kopie der ausgehenden E-Mail, die im Ordner für gesendete E-Mails gespeichert wird. Diese Funktion kann auch ausgeschaltet werden ➡.

Suchordner für gesendete E-Mails

Suchordner lassen sich auch für die Suche nach gesendeten E-Mails einsetzen. Legen Sie Ihre ausgehenden E-Mails regelmäßig in Ihrer E-Mail-Ablage ab, so können diese gesammelt über einen Suchordner angezeigt werden. Erstellen Sie hierzu einen Suchordner für alle ausgehenden E-Mails ➡. Sie suchen damit nach E-Mails, die von Ihnen verschickt wurden.

Alle E-Mails, die dieses Suchkriterium erfüllen, werden nun im Suchordner in zeitlicher Abfolge angezeigt. Auch hier handelt es sich um eine gespeicherte Suche, die auf dem aktuellen Stand gehalten wird, indem sämtliche Ordner im Hinblick auf E-Mails überwacht werden, die diesem Suchkriterium entsprechen.

Verknüpfungen für gesendete E-Mails

Über die Möglichkeit (in Lotus Notes), eine Verknüpfung zu einem Ordner an eine ausgehende E-Mail hinzuzufügen, können E-Mails schon beim Versenden richtig abgelegt werden. Die versandte E-Mail ist dann im Ordner für gesendete E-Mails und in dem von Ihnen angegebenen Ablage-Ordner aufrufbar. So sehen Sie die chronologische Reihenfolge aller versandten E-Mails und auch die Zuordnung zu einem inhaltlichen Ordner.

Auf den Punkt gebracht:

- ◆ Formulieren Sie einen aussagekräftigen Betreff.

- ◆ Achten Sie bei der Gestaltung Ihres E-Mail-Textes auf:
  Anrede: Nutzen Sie beim Verfassen von E-Mails die gängigen Anreden genau wie in Geschäftsbriefen.
  Text/Inhalt: Beginnen Sie positiv!
  – Schreiben Sie Ihre E-Mail empfängerorientiert!
  – Bringen Sie die Dinge auf den Punkt!
  – Verfassen Sie Ihre E-Mail verständlich!
  – Behandeln Sie nur ein Thema pro E-Mail!
  Gruß: Wie eine höfliche Anrede gehört auch der Gruß dazu!
  Signatur: Fügen Sie an das Ende Ihrer E-Mail eine Signatur mit Angabe Ihres Namens und Ihrer Kontaktdaten.

- ◆ Achten Sie auf die äußere Form Ihrer E-Mail:
  – Die E-Mail ist lesbar und übersichtlich.
  – Die E-Mail ist druckbar.
  – Die E-Mail ist (nicht) änderbar.
  – Die E-Mail entspricht der Corporate Identity Ihrer Firma.
  – Alle Links innerhalb der E-Mail sind anklickbar.
  Beachten Sie in diesem Zusammenhang unbedingt auch das E-Mail-Format, die Anlagen Ihrer E-Mail und mögliche E-Mail-Optionen.

- ◆ Über das Adressfeld signalisieren Sie dem Empfänger, welche Reaktion Sie von ihm erwarten:
  – An: Sie erwarten eine Handlung vom Empfänger.
  – CC: Der Empfänger wird über den Inhalt der E-Mail informiert.
  – BCC: Der Empfänger wird über eine Blindkopie lediglich informiert.

- ◆ Integrieren Sie Ihre versandten E-Mails in Ihrer Ablage.

4 Wie Sie sich richtig verhalten

Wie Sie sich richtig verhalten – dieses Kapitel greift abschließend noch zwei wichtige Aspekte auf, die Sie unbedingt beachten sollten, wenn Sie beruflich über E-Mails kommunizieren:

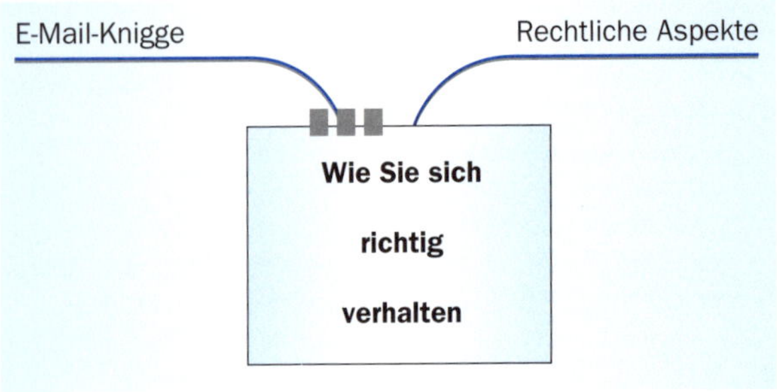

```
E-Mail-Knigge                    Rechtliche Aspekte
         ┌──────────────────────┐
         │    Wie Sie sich      │
         │                      │
         │      richtig         │
         │                      │
         │     verhalten        │
         └──────────────────────┘
```

4.1 Rechtliche Aspekte

E-Mail ist auf Grund seiner schnellen, praktischen und kostengünstigen Handhabung aus dem Geschäftsablauf vieler Unternehmen kaum mehr wegzudenken. So hat das Kommunikationsmedium E-Mail die Korrespondenz mittels Brief und Telefax in weiten Teilen bereits verdrängt: Wo Geschäftspartner früher über Brief und Fax miteinander kommunizierten, wird heute in Sekundenschnelle eine E-Mail gesendet. Trotz dieser Bedeutung für den Geschäftsalltag, werden jedoch die rechtlichen Aspekte und Konsequenzen der Kommunikation über E-Mail meist nur am Rande gestreift.

Die folgenden Hinweise über rechtliche Aspekte und Konsequenzen der Kommunikation via E-Mail dienen der allgemeinen Information und stellen keinerlei Rechtsberatung dar. Die Hinweise können dabei weder die Details der jeweiligen gesetzlichen Regelungen noch alle Aspekte der angesprochenen Themen beleuchten. Zudem gibt es in einigen Bereichen noch keine verbindliche Rechtsprechung bzw. können sich gesetzliche Regelungen seit Erscheinen dieses Buches geändert haben. Im konkreten Fall holen Sie daher bitte unbedingt anwaltlichen Rat ein.

E-Mail als Geschäftspost

Firma A sendet an Firma B eine E-Mail. Handelt es sich hierbei nun also schon um Geschäftspost? Hierzu gibt es divergierende Auffassungen. Die Tatsache jedoch, dass E-Mail mehr und mehr den traditionellen Briefverkehr verdrängt, führt zur nachfolgenden Schlussfolgerung:

> E-Mails, die von Firmen im Rahmen ihres Geschäftsbetriebs versandt werden, gelten ebenso wie Geschäftsbriefe als Geschäftspost.

Daraus ergeben sich rechtliche Vorschriften und Konsequenzen: Abhängig von der Gesellschaftsform (z.B. GmbH, KG, OHG, AG) muss die E-Mail – wie auch der Geschäftsbrief – bestimmte Angaben zur Gesellschaft enthalten.

„Fußleistenpflicht":
E-Mails unterliegen wie Geschäftsbriefe der vom Gesetzgeber für Kapitalgesellschaften (z.B. GmbH) vorgesehenen „Fußleistenpflicht". Im Wesentlichen umfasst dies:
- Nennung der Rechtsform
- Name des Geschäftsführers
- Handelsregisternummer
- Zuständiges Registergericht

Fehlen diese Angaben, so
- kann vom Registergericht ein Zwangsgeld verhängt werden und
- können Mitbewerber Ansprüche aus dem Gesetz gegen unlauteren Wettbewerb geltend machen.

Willenserklärung per E-Mail

Per E-Mail kann nicht nur Geschäftspost versandt werden, sondern grundsätzlich auch ein Rechtsgeschäft getätigt werden. Ein Rechtsgeschäft liegt vor, wenn mindestens eine Willenserklärung (z.B. Kündigung) eines rechts- und geschäftsfähigen Rechtssubjekts abgegeben wurde. Eine zweiseitige Willenserklärung besteht z.B. aus Angebot und Annahme eines Vertrages.

> Werden Willenserklärungen per E-Mail abgegeben, spricht man von elektronischen Willenserklärungen, d.h., diese können ebenfalls rechtswirksam werden.

Dies gilt insbesondere für Willenserklärungen, für die per Gesetz oder vertraglicher Vereinbarung nicht ausdrücklich die herkömmliche Schriftform (= handschriftlich signierter Brief) gefordert ist. Damit gelten für Willenserklärungen per Mail die gleichen rechtlichen Rahmenbedingungen wie bei Verträgen, die mündlich oder via Fax geschlossen wurden, sie sind damit rechtsverbindlich.

ACHTUNG: Die Übermittlung von Willenserklärungen per E-Mail erweist sich dort als unwirksam, wo das Gesetz oder vertragliche Vereinbarungen formale Anforderungen an die Abgabe von Erklärungen stellen. In Deutschland sehen rund 4.000 Rechtsvorschriften die Schriftform, d.h. mit eigenständiger Originalunterschrift, vor.

Beispiele, bei denen die Schriftform verpflichtend ist:

- § 416 BGB Mitteilung über die Übernahme einer Hypothekenschuld
- §§ 574, 574 b BGB Widerspruch des Mieters gegen die Kündigung
- § 623 BGB Kündigung eines Arbeitsverhältnisses

Bei einer Verletzung der Schriftform wird die abgegebene Willenserklärung gemäß § 125 S. 1 BGB nichtig und unwirksam.

Um einen wirkungsvollen Beweis und somit zuverlässige Rechtsverbindlichkeit zu erzielen, bestätigen Sie bzw. lassen Sie sich die per Mail getroffene Vereinbarung in der Schriftform bestätigen.

Fristwahrung – Zugangsdatum

Willenserklärungen per E-Mail sind Willenserklärungen unter Abwesenden, d.h., es fehlt eine unmittelbare wechselseitige Wahrnehmbarkeit der Erklärungen der Geschäftspartner. Daher ist bei Abgabe einer Willenserklärung per E-Mail unbedingt zu prüfen, ob die E-Mail an den richtigen Adressaten versandt wird. Dabei ist es irrelevant, ob der Adressat davon Kenntnis erhält. Wesentlich ist nur, dass ihm die E-Mail zugegangen ist. Dies stellt eine konsequente Anwendung der Grundsätze aus der nicht-virtuellen Welt dar, bei der ein Brief ebenfalls bereits im Briefkasten des Empfängers und nicht erst bei seiner Öffnung als zugestellt gilt (siehe dazu Kasten).

Urteil des Landgerichts Nürnberg-Fürth: E-Mail-Posteingang regelmäßig prüfen

Im Rahmen einer Klage eines Geschäftsführers gegen seine Kündigung hatte das Landgericht Nürnberg-Fürth (03.04.2002, Az. 2 HKO 9434/01) insbesondere die Frage zu entscheiden, ob eine E-Mail bereits in der Mailbox oder aber erst nach Abruf durch den Client als zugegangen gilt. Die Frage nach dem Zeitpunkt des Zugangs der Kündigungserklärung war entscheidend, da sich der Geschäftsführer im Urlaub befand.

Das Gericht entschied, dass eine E-Mail dann als zugegangen gilt, wenn sie sich in der Mailbox des Empfängers befindet. Auf Grund der schnellen E-Mail-Übermittlung gilt der Zugang einer E-Mail während der Geschäftszeiten am Tag des Eingangs als erfolgt. Mit dem Eingang der Kündigung in die Mailbox des Empfängers „geht das Verlust- und Verzögerungsrisiko auf diesen über (...), wenn Störungen in seinem Machtbereich eintreten, beispielsweise der unterlassene Abruf seiner Mailbox". Die Kündigung des Geschäftsführerdienstvertrags war somit rechtzeitig und die Klage gegen eine ordentliche Kündigung ohne Erfolg.
(aus: Urteil: E-Mails: Postfächer unbedingt regelmäßig checken, Internetworld 08/03, S. 19)

> Wer seine E-Mail-Adresse im geschäftlichen Verkehr angibt, muss seine Mails regelmäßig lesen bzw. lesen lassen, da er sich andernfalls der Gefahr aussetzt, Fristen zu versäumen.

Die elektronische Signatur

Um den Sicherheitsgrad einer E-Mail (ohne elektronische Signatur) zu veranschaulichen, wird gerne der Vergleich mit einer Postkarte herangezogen. E-Mails bieten demnach eine Vielfalt an Manipulationsmöglichkeiten, bezogen auf die Absenderkennung und auf den Inhalt. Die Probleme, die sich daraus ergeben, werden durch die elektronische Signatur gelöst.

Die elektronische Signatur – Steckbrief

Ziel: Erkennbarmachen von nachträglichen Veränderungen
  Verfahren: ähnliches Verfahren wie Verschlüsselungstechnik; ABER: Der Einsatz der elektronischen Signatur beinhaltet nicht automatisch die Verschlüsselung der Nachricht.

Zweck:
- Authentizität: Der Unterzeichner hat das Dokument zur Kenntnis genommen; die Unterschrift ist zudem fälschungssicher und kann nicht von einem Dritten erzeugt worden sein.
- Integrität: Das Dokument kann nach seiner Unterzeichnung nicht mehr unentdeckt verändert werden.
- Verbindlichkeit: Der Absender kann nicht bestreiten, die Nachricht selbst versandt zu haben.

(aus: IHK-Merkblatt: Wirksamkeit von Erklärungen mittels Telefax, Computerfax und E-Mail)

Eine mit einer qualifizierten elektronischen Signatur gekennzeichnete E-Mail erbringt somit den Anschein der Echtheit der so übermittelten Willenserklärung. Ist jedoch die Schriftform durch das Gesetz zwingend vorgeschrieben, so ist derzeit noch allein ein manuell unterzeichnetes Originaldokument gültig.

Haftungsausschlusserklärungen (Legal Disclaimer)

Um die rechtliche Unsicherheit im geschäftlichen Umgang mit E-Mails zu minimieren, wird davon abgeraten, E-Mail zur Abwicklung von Rechtsgeschäften zu verwenden. Der Einsatz von E-Mails sollte stattdessen lediglich zur Geschäftsanbahnung und Information dienen. Eine Möglichkeit, das Risiko zu verringern, ist ein automatisch generierter Haftungsausschluss (Legal Disclaimer). Haftungsausschlüsse sind Texte, die in ausgehende Nachrichten integriert werden. Diese erklären gegenüber dem Empfänger, dass das Unternehmen mit der versandten E-Mail keine rechtsverbindliche Willenserklärung abgibt. Auf diese Weise verringern Unternehmen ihr Haftungsrisiko für irrtümlich oder leichtfertig getätigte Rechtsgeschäfte und vermeiden möglicherweise kostspielige Prozessfolgen.

Beispiel eines Haftungsausschluss:

„Diese Nachricht ist vertraulich. Sie ist ausschließlich für den im Adressfeld ausgewiesenen Adressaten bestimmt. Sollten Sie nicht der vorgesehene Empfänger sein, so bitten wir um eine kurze Nachricht. Jede unbefugte Weiterleitung oder Fertigung einer Kopie ist unzulässig. Da wir nicht die Echtheit oder Vollständigkeit der in dieser Nachricht enthaltenen Informationen garantieren können, schließen wir die rechtliche Verbindlichkeit der vorstehenden Erklärungen aus."
(aus: Pocket Business „Geschäftskorrespondenz")

Beim Einsatz eines Legal Disclaimer empfiehlt sich der Einsatz einer servergestützten Softwarelösung, mit der unternehmensweit einheitliche Disclaimer in ausgehende E-Mails integriert werden können.

Unerlaubte Werbemails

„Bitte keine Werbung einwerfen!" – Seit dem 08.07.2004 ist die Rechtslage zum Versand unerlaubter Werbemails mit dem Gesetz gegen unlauteren Wettbewerb (§ 7 Abs. 2 Nr. 3 UWG) gesetzlich geregelt. Damit darf Werbung dem Empfänger nur mit seiner vorherigen Zustimmung zugesandt werden (Opt-in-Prinzip).

Firmen, die E-Mail Marketing betreiben, sollten in diesem Zusammenhang Folgendes beachten:

- Das Verbot von Werbemails ohne Zustimmung der Empfänger gilt unabhängig davon, ob der Empfänger eine Privatperson oder ein Gewerbetreibender ist.
- Das Opt-in-Prinzip bezieht sich nicht nur auf den Versand von Massenmailings, sondern auch auf die Einzelansprache potentieller Kunden.
- Eine gegebene Zustimmung kann weder übertragen noch weiterverkauft werden.

Werbung per E-Mail ist nur dann zulässig, wenn diese Voraussetzungen erfüllt werden (Soft-Opt-in-Regelung):

1. Der Werbende hat im Zusammenhang mit dem Verkauf einer Ware oder Dienstleistung von dem Kunden dessen E-Mail-Adresse erhalten.
2. Der Werbende verwendet die E-Mail-Adresse ausschließlich zum Zweck der Direktwerbung für eigene und ähnliche Waren und Dienstleistungen.
3. Der Kunde hat der Verwendung nicht widersprochen.
4. Der Kunde wurde bei der Erhebung der E-Mail-Adresse und bei jeder Verwendung klar und deutlich darauf hingewiesen, dass er der Verwendung jederzeit widersprechen kann.

Zulässigkeit privater E-Mails am Arbeitsplatz

Die private Nutzung von E-Mail am Arbeitsplatz bedarf wie die Nutzung von Telefon und Internet der Genehmigung des Arbeitgebers. Besteht keine Regelung zur privaten Nutzung derartiger Arbeitsmittel, so kann aus einem fehlenden Verbot keinesfalls die Erlaubnis zur Nutzung abgeleitet werden. Die private E-Mail-Nutzung bedarf somit keiner ausdrücklichen Untersagung, sondern kann vom Arbeitgeber höchstens erlaubt werden.

> Grundsätzlich empfiehlt es sich, die Nutzung von E-Mail im Rahmen einer Betriebsvereinbarung schriftlich und unter Einbezug der Mitarbeiter zu regeln.

Verstößt der Arbeitnehmer gegen ein ausdrückliches Verbot zur privaten E-Mail-Nutzung, kann dies sogar zur Kündigung führen.

E-Mail-Kontrolle durch den Arbeitgeber

Bei der Kontrolle der E-Mails durch den Arbeitgeber muss unterschieden werden, ob eine private E-Mail-Nutzung im Unternehmen verboten wurde oder nicht. Ist es gestattet, den E-Mail-Anschluss für private Zwecke zu nutzen, so ist die Überwachung der E-Mails unzulässig. Eine Inhaltskontrolle, das Ausfiltern, Blockieren oder Löschen von eingehenden und ausgehenden E-Mails ist damit strafbar. Denn: Erbringt das Unternehmen für die Mitarbeiter „geschäftsmäßige Post- oder Telekommunikationsdienste" (§ 206 Abs. 2 Nr. 2 StGB), dann gilt zugunsten der Mitarbeiter nach dem Telekommunikationsgesetz (TKG) das Fernmeldegeheimnis. Damit ist aber auch das Ausfiltern von an Mitarbeiter adressierter Spam-Mail auf Grund der Verletzung des Fernmeldegeheimnisses strafbar. Als Ergebnis dessen sollten Arbeitgeber das Recht zur Filterung von Spam-Mail in Betriebs- und Individualvereinbarungen regeln.

Gibt es ein Verbot für die private Nutzung, so ist eine Überwachung der E-Mails durchaus möglich. Der Inhalt geschäftlicher E-Mails unterliegt nicht dem Fernmeldegeheimnis, da die Mitarbeiter im Rahmen ihrer dienstlichen Aufgaben für das Unternehmen tätig werden. Jedoch sind bei der Überwachung stets der Einzelfall und die Verhältnismäßigkeit der Überwachung zu beachten.

Besteht im Unternehmen keine ausdrückliche Regelung bezüglich der E-Mail-Nutzung und weiß der Arbeitgeber von der privaten Nutzung durch die Arbeitnehmer, unternimmt aber nichts dagegen, so liegt der Tatbestand der stillschweigenden Duldung vor, die aus rechtlicher Sicht als Genehmigung gewertet werden kann.

Rechtliche Aspekte – Quellenangaben:

Um die Aktualität des Abschnitts „Rechtliche Aspekte" zu gewährleisten, entstammen einige der hier aufgeführten Informationen dem Internet und Fachzeitschriften.

Internetadressen

Die aufgenommenen Adressen wurden vor der Druckfreigabe des Buches auf Richtigkeit, Aktualität und Funktionsfähigkeit geprüft:

- Urteil des Landgerichts Nürnberg-Fürth: E-Mail-Posteingang regelmäßig prüfen:
  http://www.rechtsanwalt.de/E-Mail-Zugang.html
- Rechtliche Konsequenzen beim geschäftlichen E-Mail-Verkehr:
  http://www.rechtsanwalt.de/DM-E-Mail-Teil1.html
- IHK Bochum: Merkblatt – Wirksamkeit von Erklärungen mittels Telefax, Computerfax und E-Mail:
  http://www.bochum.ihk.de/linebreak4/mod/netmedia_document/data/44%20Wirksamkeit%20bei%20Telefax Versendung%20etc.pdf
- Praktische Auswirkungen des Signaturgesetzes:
  http://www.rechtsanwalt.de/signaturgesetz.html
- E-Mail und Recht: http://www.gid-it.de/german/ downloads/wp_email-und-recht_d.pdf
- Rechtslage beim E-Mail-Marketing:
  http://www.absolit.de/eMail-Marketing/Joerg%20 Heidrich-Rechtslage-E-Mail-Marketing.html
- Private E-Mail-Nutzung am Arbeitsplatz:
  http://www.sakowski.de/arb-r/arb-r21.html
- Private E-Mail-Nutzung und ihre Tücken: http://www.syn aix.de/synaix/synaixwebcms.nsf/doc/news_Private_ EMail_Nutzung_und_ihre_Tuecken?opendocument

◆ E-Mail/Internet am Arbeitsplatz:
  http://www.lfd.nrw.de/fachbereich/fach_9_3_2.htm

Zeitschriften

◆ Groupwaremagazin April 2004, S. 64-67:
  Net.working/recht_und_gesetz: In dubio pro E-Mail?

Für die Inhalte der Internetseiten und der Zeitschriftenartikel, auf die hier verwiesen wird, sind weder Autor noch Verlag verantwortlich. Es wird auch keine Garantie übernommen für die Erreichbarkeit bzw. Aktualität der eingetragenen URLs. Weder Autor noch Verlag übernehmen irgendeine Haftung für Schäden jedweder Art; Gleiches gilt für Einträge, die gegen geltendes Recht verstoßen.

4.2   E-Mail-Knigge

Durch ihre schnelle, unkomplizierte und unbürokratische Art hat die E-Mail längst den klassischen Geschäftsbrief abgelöst – und damit auch die Regeln der herkömmlichen Korrespondenz. Aber gerade weil die E-Mail so schnell und unbürokratisch ist, verleitet sie dazu, gewisse höfliche und sachliche Umgangsformen zu vernachlässigen. Daher entstand auch für das Kommunikationsmedium E-Mail bald das Bedürfnis nach Verhaltensregeln.

E-Mail-Etikette

Die so genannte E-Mail-Etikette bietet wichtige Anhaltspunkte, „was man macht" und „was man in Bezug auf E-Mails lieber sein lässt". Die E-Mail-Etikette sind ungeschriebene Regeln für das Verfassen von E-Mails, kurz der Knigge für E-Mail. Die auf der folgenden Magazinseite abgedruckte Auswahl stellt dabei die aus unserer Sicht wichtigsten Regeln im Umgang mit E-Mails dar. Die aufgeführte Reihenfolge ist dabei nicht als Rangliste zu interpretieren.

E-Mail Knigge im Überblick

Regel 1: E-Mail ist keine Schneckenpost

Wer seine E-Mail im Geschäftsleben als Kontaktadresse angibt, signalisiert ständige Erreichbarkeit. Schnelle Antworten werden erwartet (angemessen: ein Arbeitstag, mindestens Zwischenbescheid zur Perspektive).

Regel 2: Aussagekräftige Betreffzeile schreiben

Machen Sie den Empfänger über eine ausdrucksstarke Formulierung des Betreffs neugierig auf Ihre E-Mail. Je schneller der Empfänger weiß, worum es Ihnen geht, umso besser. Senden Sie niemals E-Mails ohne Betreff.

Regel 3: Strukturieren Sie Ihre Mail

Hier helfen Absätze, Leerzeilen, Nummerierungen und Zwischenüberschriften. Übersichtlichkeit erhöht die Lesbarkeit einer E-Mail enorm.

Regel 4: Knappe Zitate

Ist es sinnvoll, Bezugspassagen bei der Antwort zu zititieren, wiederholen Sie nur den wesentlichen Teil und entfernen Sie alles Unwesentliche. Antworten Sie auf eine Frage, lassen Sie diese aber niemals weg. Fügen Sie Ihre Antwort dann unterhalb des jeweiligen Zitats ein.

Regel 5: Seien Sie höflich

Leichtigkeit und Schnelligkeit sind kein Freibrief für unfreundliche Umgangsformen.

- ◆ Eine E-Mail sollte stets eine Anrede und Grußformel haben. Fehlen sie ist dies unhöflich.

- BRÜLLEN Sie nicht! Großbuchstaben zu Zwecken der Hervorhebung wird im E-Mail-Kontext als Brüllen verstanden. Wollen Sie Worte besonders betonen, so setzen Sie vorher und nachher *Sterne*.
- Die deutsche Rechtschreibung verliert auch im Kontext von E-Mails nicht ihre Gültigkeit.
- Vermeiden Sie ironische oder sarkastische Bemerkungen – sie sind leicht missverständlich.
- Verfassen Sie Ihre E-Mail in einem höflichen Ton, ohne den Empfänger zu irritieren oder ihn gar zu verletzen. Grundsätzlich gilt: Schicken Sie nur ab, was Sie dem Partner auch mündlich sagen würden!

Regel 6: Keine komplizierten Sachverhalte

Nicht in jedem Fall ist E-Mail das richtige Kommunikationsmedium. Zweifeln Sie, greifen Sie lieber zum Telefonhörer.

Regel 7: Eine E-Mail – ein Thema

Sprechen Sie pro E-Mail jeweils nur ein Thema an. Denn:
- In vielen Fällen werden E-Mails weitergeleitet. Für den Empfänger, der Ihre E-Mail weitergeleitet bekommt, ist aber meist nur ein Aspekt der Inhalte von Bedeutung. Ihr E-Mail-Partner muss daher die E-Mail erst einmal bearbeiten und die entsprechenden Inhalte herausfiltern. Ein zu vermeidender Aufwand!
- Sprechen Sie in einer E-Mail nur ein Thema an, so ist es für Sie leichter, die E-Mail in Ihrer Ablage zuzuordnen und wiederzufinden, da Sie den Betreff präziser formulieren können.
- Indem Ihre E-Mails inhaltlich nur ein Thema behandeln, vermeiden Sie organisatorische Schwierigkeiten mit Ihrer Wiedervorlage.

Regel 8: Informationsreiche Signatur

Fügen Sie Ihre Kontaktdaten ans Ende Ihrer E-Mail. Eine Signatur erspart dem Empfänger umständliche Nachfragen. Zudem ermöglichen Sie dem Empfänger, selbst über die Wahl des Kommunikationsmittels zu entscheiden.

Regel 9: Kennzeichnen Sie private Nachrichten

Versenden Sie Nachrichten mit ausschließlich privatem Inhalt, so kennzeichnen Sie diese als privat.

- ◆ Ihr E-Mail-Partner kann so auf den ersten Blick erkennen, ob es sich um eine private oder geschäftliche E-Mail handelt und so gegebenenfalls bei der Bearbeitung seiner E-Mails entsprechende Prioritäten setzen.
- ◆ Ist Ihr E-Mail-Partner abwesend und hat einen Vertreter mit Zugriff auf den Posteingang eingesetzt, kann dieser die private E-Mail nicht sehen.

Regel 10: Überdenken Sie Dateianhänge

Überfordert ein Text die Mail oder möchten Sie ein Schriftstück in der richtigen Corporate Identity übermitteln, bleibt nur der Versand als Anhang. Beachten Sie dabei im normalen Geschäftsbetrieb stets die Größe der Anlage. Ganz grober Anhaltspunkt für die maximale Dateigröße: 500 Kilobyte. Erfragen Sie bei Ihren Partner, was technisch funktioniert, komprimieren Sie gegebenenfalls die Dokumente.

Erwägen Sie zudem bei größeren Dateien die Möglichkeit eines direkten Transfers von Computer zu Computer mittels CD-Rom oder USB-Stick.

Regel 11: Sinnvoller Einsatz von CC und BCC

Vereinbaren Sie in Ihrer Firma, dass das CC nur in Ausnahmefällen genutzt wird. Denn: Dies ist meist die häufigste Ursache für die E-Mail-Flut! Natürlich darf die Kommunikation nicht unter der Beschränkung leiden. Wählen Sie aber sehr sorgfältig Empfänger im „An"-Feld und Kopien im CC oder BCC.

Regel 12: Keine Ketten-E-Mails

Leiten Sie keine Ketten-E-Mails weiter und antworten Sie nicht darauf. Studieren Sie Hilferufe per E-Mail genau: Oft laufen Ketten-E-Mails mit Aufrufen jahrelang durch das Internet und verstopfen Postfächer, obwohl dies nur ein Hoax ist.

Regel 13: E-Mail-Adresse niemals ungefragt weitergeben

Betrachten Sie E-Mail-Adressen von Bekannten, Kollegen und Geschäftspartnern als vertraulich und gehen Sie sparsam mit der Weiterleitung von E-Mails um.

Regel 14: Beachten Sie das E-Mail-Format

Die meisten E-Mail-Programme können E-Mails lediglich als „nur Text"- oder HTML-Format versenden. Bevor Sie ein E-Mail-Format wählen, denken Sie bitte immer an den Empfänger: Ist sein E-Mail-Programm hier nicht kompatibel, kann er Ihre E-Mail nicht lesen! Senden Sie Ihre E-Mails an externe, eher unbekannte Partner daher stets als „Nur Text". Wo es klappt, können Sie beim Austausch von E-Mails wegen der besseren Gestaltungsmöglichkeiten das HTML-Format vereinbaren.

Beachten Sie eventuelle automatische Versandkonvertierungen Ihres Programms.

DIN-Normen für E-Mails

Das Deutsche Institut für Normung e.V. hat verschiedene Normen für die briefliche und elektronische Kommunikation im Geschäftsbereich herausgegeben, die weltweit Anwendung finden. Der Normenausschuss Bürowesen im DIN bezieht sich bei der Gestaltung von Schriftstücken nach DIN 5008:2005 auf die Gestaltung von E-Mails. Die Regelungen finden nur in Bezug auf die Verwendung von E-Mail als Geschäftsbriefersatz und nicht etwa auf rein unternehmensinterne Mitteilungen, Anwendung.

Gestaltung einer E-Mail

Technische Gegebenheiten des Empfängers:
Bei der Übermittlung von E-Mails ist auf die technischen Gegebenheiten des Empfängers zu achten:

- Nachrichtenformat
- Verwendete Schriften
- Codierung
- Dateiformate der Anlagen
- Verschlüsselung
- Verschlüsselung

E-Mail-Kopf

Der E-Mail-Kopf enthält standardmäßig Anschrift, Verteiler und Betreff.

- ◆ Anschrift: Um eine E-Mail versenden zu können, bedarf es einer eindeutigen E-Mail-Adresse. Diese sind meist in folgender Form aufgebaut:
  Empfängerbezeichnung@Anbieter.de
  Beispiel: info@moreoffice.de

  Vorname.Nachname@Anbieter.de
  Beispiel: anton.meier@web.de

- ◆ Verteiler: In die elektronischen Verteilerfelder der E-Mail (CC, BCC) werden weitere E-Mail-Adressen eingetragen.

- **Betreff:** Der Betreff ist wie bei einem Geschäftsbrief die stichwortartige Inhaltsangabe der E-Mail. Bei der Bearbeitung und Verwaltung von E-Mails nimmt der Betreff eine wichtige Funktion ein und ist deshalb zwingend erforderlich.

Anrede

Die Anrede ist bei einer E-Mail als Geschäftsbriefersatz ein fester Bestandteil. Mittels einer Leerzeile wird sie vom folgenden Text abgetrennt.

Text

Die eigentliche Nachricht wird als Fließtext ohne Worttrennungen verfasst. Umbrüche werden durch die Software des Empfängers gesteuert und der jeweiligen Fenstergröße angepasst. Auch hier werden Absätze mittels einer Leerzeile gestaltet.

Abschluss

Der Abschluss enthält eine Grußformel sowie Kontakt- und Firmenangaben. Meist wird dieser als elektronischer Textbaustein (= Signatur) der E-Mail beigefügt.

Elektronische Signatur bzw. Verschlüsselung

Für die Sicherheit beim elektronischen Datenaustausch entscheidend sind:
- Nachweisbarkeit der Identität des Kommunikationspartners
- Integrität der Daten
- Vertraulichkeit wichtiger Informationen

Um E-Mails gegen unberechtigtes Lesen zu schützen, sollten wichtige Mitteilungen durch digitale Signatur und/oder verschlüsseltes Übertragen geschützt werden.

Auf den Punkt gebracht:

Über die Verwendung von E-Mail im Geschäftsalltag gewinnen auch rechtliche Aspekte an Bedeutung:

- Werden E-Mails von Firmen als Geschäftsbriefersatz versandt, so unterliegen E-Mails der „Fußleistenpflicht".

- Willenserklärungen per E-Mail (= elektronische Willenserklärungen) können ebenfalls rechtswirksam werden.

- Die elektronische Signatur erlaubt es festzustellen, ob ein Dokument nach seiner Erstellung nachträglich modifiziert wurde.

- Eine Möglichkeit, das Risiko zu verringern, ist ein automatisch generierter Haftungsausschluss (Legal Disclaimer).

- Werbung (auch Werbe-E-Mails) dürfen dem Empfänger nach dem Gesetz gegen unlauteren Wettbewerb nur mit seiner vorherigen Zustimmung zugesandt werden.

- Die private Nutzung von E-Mail am Arbeitsplatz bedarf der Genehmigung des Arbeitgebers. Aus einem fehlenden Verbot darf keinesfalls die Erlaubnis zur Nutzung abgeleitet werden.

- Dürfen Arbeitnehmer den E-Mail-Anschluss für private Zwecke nutzen, so ist die Überwachung der E-Mails unzulässig. Gibt es ein Verbot für die private Nutzung, so ist eine Überwachung der E-Mails hingegen durchaus möglich.

Auch in Bezug auf E-Mails gibt es wichtige Verhaltensregeln, die – will man nicht gegen die E-Mail-Etikette verstoßen – eingehalten werden sollten, siehe Magazinseiten.

Glossar

ASCII: Abkürzung für „American Standard Code for Information Interchange". Das ASCII-Format einer E-Mail (auch Nur-Text-Format) ist das gängigste E-Mail-Format. In diesem Format sind keinerlei Textgestaltungsmöglichkeiten gegeben.

Anhang (engl. Attachment): Datei, die an die E-Mail angefügt wird. Es lässt sich jede digitale Datei an eine E-Mail anhängen.

BCC: Blind Carbon Copy – Blindkopie. Schreiben Sie eine Adresse in das „BCC"-Feld, so erhält diese Person eine Blindkopie der Nachricht, d.h., alle anderen Empfänger können nicht sehen, dass jemand und wer eine Blindkopie erhalten hat.

Byte: Der Begriff Byte bezeichnet die Menge der Byte, die auf einer Festplatte Platz finden oder beschreibt die Größe eines Programms oder einer Datei. 1 Byte besteht aus 8 Bit. 1 KB (Kilobyte) bezeichnet damit die Menge von 1.000 Byte.

CC: Carbon Copy. Empfänger, die in dieses Feld eingetragen werden, erhalten eine Kopie der E-Mail. Im Gegensatz zum „BCC"-Empfänger ist der „CC"-Empfänger für alle sichtbar.

Client: Der Client ist ein Programm, das Dienste eines anderen Programms anfordert. Es gibt hierbei einen Server (der Rechner, auf dem die Daten liegen) und einen Client (das Programm auf einem anderen Rechner, mit dem man diese Daten anfordert).

Emoticons (Smileys): Figuren aus Satz- und Sonderzeichen, die Gefühle ausdrücken. Diese Symbole dienen als Ersatz für nonverbale Elemente, die in der schriftlichen Kommunikation fehlen, aber zur Verständlichkeit beitragen. Emoticon setzt sich aus „emotion" (= Gefühl) und „icon" (= Zeichen) zusammen.

E-Mail: Electronic Mail. Elektronische Post, die in elektronischer Form eingegeben, transportiert und gelesen wird.

E-Mail-Etikette: Verhaltensregeln, die Anhaltspunkte dafür bieten, „was man in Bezug auf E-Mails macht oder lieber sein lässt". Die E-Mail-Etikette sind ungeschriebene Regeln für das Verfassen von E-Mails, kurz der Knigge für E-Mail.

Flaming: Flame ist der Fachausdruck für Beschimpfungen über E-Mail. Ärger, Ungeduld oder Müdigkeit können beim Schreiben einer E-Mail zu Äußerungen führen, die den Empfänger irritieren oder ihn gar verletzen. Da in einer E-Mail zusätzlich Gesten und Tonfall fehlen, die einer Aussage erst die „richtige" Bedeutung zuweisen, kommt es hier häufiger zu großen Missverständnissen, was nicht selten Streit bedeutet.

HTML-E-Mails: E-Mails im HTML-Format werden nach den gleichen Regeln wie eine Web-Seite formatiert. Dieses Format lässt verschiedene Gestaltungsmöglichkeiten zu, wie z.B. das Formatieren von Text (Farbe, Schriftarten, Schriftgestaltung) sowie das Einbinden von Tabellen und Graphiken.

Junk Mails: siehe Spam.

Komprimieren von E-Mails: Große E-Mails (ab 500 Kilobyte) sollten Sie komprimieren, um Übertragungszeit und -kosten zu reduzieren.

Link: Ein Verweis (eine Sprungmarke) innerhalb einer HTML-Seite (WWW-Seite).

Mailserver: Programm, das E-Mails versendet.

Offline: Ein Rechner ist offline, wenn er nicht mit dem Netz verbunden ist.

Online: Der Zustand, wenn ein Rechner mit dem Netz verbunden ist.

Opt-in-Verfahren: Werbung darf nur dann zugesandt werden, wenn der Empfänger ausdrücklich zugestimmt hat. Das Verbot von Werbemails ohne Zustimmung der Empfänger gilt unabhängig davon, ob der Empfänger eine Privatperson oder ein Gewerbetreibender ist. Das Opt-in Prinzip bezieht sich nicht nur auf den Versand von Massenmailings, sondern auch auf die Einzelansprache potentieller Kunden. Eine gegebene Zustimmung kann weder übertragen noch weiterverkauft werden.

Postfach (Mailbox): Elektronischer Briefkasten, englisch Bulletin Board System (BBS). Das Postfach ist ein Rechnersystem, das per DFÜ zur Kommunikation genutzt werden kann. Im Postfach werden elektronische Nachrichten gespeichert, verwaltet und gesendet.

Posteingang: Der Posteingang ist Teil des Postfachs. Im Posteingang können eingehende elektronische Nachrichten abgerufen werden.

Spam: Sammelbegriff für den unverlangten massenhaften Versand von E-Mails. Man spricht auch von UBE („Unsolicated Bulk E-Mail" (UBE): „unverlangte Massenmail") bzw. Junk-Mail („Junk" = wertloser Mist). Ursprünglich ist SPAM ein Markenname für Dosenfleisch (schnittfestes Fleischderivat aus der Dose), entstanden aus „spiced ham".

URL: Uniform Resource Locator. Eine URL ist die eindeutige Adresse einer Internetseite, z.B. http://moreoffice.de.

Usenet: Als Usenet werden alle Rechner bezeichnet, die untereinander Informationen austauschen. Das Usenet besteht aus einzelnen Teilnetzen, wobei das Internet der wichtigste Teil ist.

Verteilerlisten: Verteiler für E-Mail-Nachrichten zu einem bestimmten Thema an eingetragene Empfänger.

Viren: HTML-E-Mails oder E-Mail-Anhänge können Viren übertragen. Allein die Übertragung eines Virus ist noch nicht gefährlich. Um Schaden anzurichten, müssen Computerviren gestartet werden, was bei falschen Sicherheitseinstellungen im E-Mail-Programm automatisch geschehen kann.

World Wide Web: Das World Wide Web ist die Gesamtheit der Rechner im Internet, die über das Protokoll HTTP vernetzt sind und damit HTML-Seiten austauschen können. Die WWW-Seite ist die Darstellung eines HTML-Textes durch einen Browser.

Literaturverzeichnis

Burger, A./Degener, M.: Praxishandbuch Outlook-Organisation. Wiesbaden 2005

Dressel, M.: E-Mail-Knigge. Dresden 2005

DIN Deutsches Institut für Normung e.V. (Hrsg.): Schreib- und Gestaltungsregeln. Sonderdruck von DIN 5008. Berlin 2005.

Esser, M.: E-Mail im betrieblichen Einsatz. Frechen 1998

Grün, K.: Der Geschäftsbrief. Berlin 2005

Hahn-Drodofsky, R.: E-Mail im Organisationsprozess. Renningen 2004

Hütter, H.: Zeitmanagement. Berlin 2002

Küstenmacher, W. T./Seiwert, L. J. : Simplify your life. Frankfurt 2003

Meier, G.: E-Mails im Berufsalltag. Renningen 2003

Pott, O.: E-Mail Guide. München 2000

Schmidt, R., Geschäftskorrespondenz. Berlin 2004

Schneider, W.: Was die Schule zu lehren vergaß. Reinbek 1994

Schulz, H.: 30 Minuten für überzeugende Business-Korrespondenz. Offenbach 1999

Schulz von Thun, F.: Miteinander reden: 1. Störungen und Klärungen. Reinbek 2005

„Sind e-mails Geschäftspost?"
aus: (http://www.finanztipp.de/recht/online/a-lex04.htm)

Ströh, C., Herbert, I., Wuermeling, U.: Der E-Mail-Guide. München 2000

Stichwortverzeichnis

A
Ablage 20, 35, 40f., 44, 49, 115
Ablage, hierarchische 45 f.
Ablagetechniken 44 f.
Absender 30
Absicherung 40
Abstimmungsschaltflächen 106
Abwesenheit 63, 67
Adressierungsregeln 111
An 30, 108
Anforderungen, formale 97
Anlagen 98, 101f., 103
Anrede 87, 136
Archivierung 58
ASCII-Format 100
Aspekte, rechtliche 118, 126
Attribute 44 f., 50, 55
Ausgehende E-Mails 82, 92
Äußere Form 97
Automatische Verarbeitung 68

B
BCC 30, 108ff., 131
Betreff 31
Betreff-Zeile 83, 85

C
CC 30, 108ff., 131
Corporate Identity 99

D
Dateien 101f.

E
Eingehende E-Mails 29
Einmaligkeit 21f.
E-Mail Management 10, 12
E-Mail-Aufnahme 13
E-Mail-Bearbeitung 13, 19 f., 60, 70,
E-Mail-Etikette 127
E-Mail-Format 100
E-Mail-Knigge 127 f.
E-Mail-Kontrolle 125
E-Mail-Optionen 103
E-Mail-Versand 113
Empfänger 30
Empfänger, externe 101
Empfänger, interne 101
Empfangsbestätigung 104,
Entwurfsordner 113
Externe Empfänger 101

F
Firmennetz 114
Form, äußere 97
Formale Anforderungen 97
Fristwahrung 121
Fußleistenpflicht 119

G
Geschäftspost 119
Grammatik 93
Grundregeln 10
Gruß 94

H
Haftungsausschlusserklärung 123
Hierarchische Ablage 45 f.
Hoaxes 79
HTML-Format 100, 105

I
Info-E-Mails 110
Interne Empfänger 101

K
Kettenbriefe 80
Kommerzielle Spam 77
Kommunikation 25

L
Lesebestätigung 105, 106
Link 99
Löschdatum 24, 74
Löschen 73
Lotus Notes 60, 107

N
Nutzbarkeit 22
Nutzendefinition 14

O
Ordner 53, 69, 116
Ordnerstruktur 50, 52
Ordnungskategorien 49 ff., 55, 115
Outlook 60, 107

P
Papierkorb 20, 71 f.
Passwort 66
Postausgangsordner 114
Posteingang 29
Posteingangsroutine 18

Prozeduren 10

Q
Quartalspapierkorb 53, 74

R
Rechtliche Aspekte 118, 126
Rechtschreibung 93

S
Schlagworte 84
Signatur 95 f., 122, 130
Spam 76, 78
Spam, kommerzielle 77
Standardverteiler 111
Struktur 11, 53
Suche 56 f., 58
Suchfunktion 55
Suchordner 57, 116

T
Text 31, 87, 89, 133
To-do-Liste 34 f.

U
Übermittlungsbestätigung 104

V
Verarbeitung, automatische 68

Verfallsdatum 106 f.
Verknüpfungen 102, 116
Verteiler 98
Vertraulichkeit 103
Vertretbarkeit 26, 40
Vertretung 62 f., 67
Verweise 48
Virenwarnung 79

W
Weiterleitung 107
Werbemails 123
Wichtigkeit 104
Wiedervorlage 21, 24, 33 f., 35 f.
Wiedervorlagesystem 34
Willenserklärung 120

Z
Zieldefinition 14, 16
Ziele 35
Zugangsdatum 121
Zuordnungskategorien 52
Zuordnungsmerkmale 55, 115
Zusatzeinstellungen 31
Zwischenablage 42 f.

Mit den Wölfen ...

Geschäfts-korrespondenz
Korrekt, präzise und empfängerorientiert

POCKET BUSINESS

Cornelsen

Renate Schmidt
Geschäftskorrespondenz

128 Seiten, kartoniert
ISBN 3-589-21972-6
ISBN* 978-3-589-21972-8

... heulen müssen Sie nicht unbedingt, aber Sie sollten den Umgangston Ihrer Adressaten schon gut kennen, wenn Sie wollen, dass Ihre Botschaft ankommt!

POCKET BUSINESS – für Aufsteiger

Die E-Mail-Flut eindämmen
ISBN 3-589-23441-5
ISBN* 978-3-589-23441-7

Einnahmenüberschussrechnung
ISBN 3-589-23420-2
ISBN* 978-3-589-23420-2

IFRS – International Financial Reporting Standards
ISBN 3-589-21973-4
ISBN* 978-3-589-21973-5

Karriereplanung
ISBN 3-589-21955-6
ISBN* 978-3-589-21955-1

Kennzahlen im Betrieb
ISBN 3-589-21974-2
ISBN* 978-3-589-21974-2

Kreativitätstechniken
ISBN 3-589-21956-4
ISBN* 978-3-589-21956-8

Informationen zu weiteren Titeln der Reihe POCKET BUSINES
die 46 Bände umfasst, erhalten Sie im Buchhandel oder unte
www.cornelsen-berufskompetenz.de

Cornelsen

POCKET RECHT – alles, was Recht ist.

Die **neue Reihe** mit konzentrierten Informationen zu
Rechtsfragen im Berufsleben startet mit drei Titeln.

Arbeitsrecht
ISBN 3-589-23803-8
ISBN* 978-3-589-23803-3

Ehevertrag
ISBN 3-589-23813-5
ISBN* 978-3-589-23813-2

Haftung
ISBN 3-589-23823-2
ISBN* 978-3-589-23823-1

Local Marketing
ISBN 3-589-21948-3
ISBN* 978-3-589-21948-3

Umgang mit Vorgesetzten
ISBN 3-589-21962-9
ISBN* 978-3-589-21962-9

Networking
ISBN 3-589-23460-1
ISBN* 978-3-589-23460-8

Zeitarbeit
ISBN 3-589-21959-9
ISBN* 978-3-589-21959-9

Schreiben im Beruf
ISBN 3-589-23440-7
ISBN* 978-3-589-23440-0

* ab 2007 gelten die 13-stelligen ISBN-Angaben

Cornelsen Verlag
14328 Berlin
www.cornelsen.de

Die Zeit ist eine unserer kostbarsten Ressourcen. Sie verrinnt und verursacht Kosten – unabhängig davon, wie sie genutzt wird. Gerne unterstützen wir Sie mit unseren Seminaren nicht nur zum Thema Zeitmanagement.

MoreOFFICE® ist ein Dienstleister, der Sie rund um das Büro fit macht. Wir sorgen für ein besseres Zeitmanagement und die Optimierung Ihrer Arbeitsabläufe. Informationen finden Sie unter www.moreoffice.de

Wir achten den Menschen, nutzen die moderne Informationstechnologie und stellen in Ihrem Haus den optimalen Einsatz vorhandener Office-Werkzeuge sicher.

„Mensch und Informationstechnologie Hand in Hand"

Durch die Optimierung der Arbeitsabläufe und der Kommunikationswege sorgen wir für Ihre erhöhte Produktivität und Leistungssteigerung. Wir legen dabei besonderen Wert auf die sinnvolle Integration vorhandener Software-Tools und erstellen ggf. Workflows zur Vereinfachung von Routinetätigkeiten. Entspanntere Arbeitsabläufe fördern die Mitarbeiterzufriedenheit.
So erreichen Sie eine besserer Qualität Ihrer Produkte und Dienstleistungen.

Wir analysieren gemeinsam mit Ihnen die Arbeitsabläufe. Externe Spezialisten bringen die notwendige Sicht von außen, um Produktionspotenziale zu erschließen. Die gemeinsam mit Vertretern aller Bereiche festgelegten Maßnahmen werden durch geschickte Kombination der Office-Produkte sowie der Einbindung von VBA-Programmierung sofort realisiert und konsequent umgesetzt. Wir entwickeln mit Ihnen gemeinsam eine maßgeschneiderte Lösung unter voller Integration vorhandenen Werkzeuge.

Degener MoreOFFICE®
Poststraße 7a
82152 Planegg
089 / 89 52 06 9-0 mailto: degener@moreoffice.de